냉장고에서 비키니를 꺼냈다

김뱅상 시집

현대시에서 펴낸 김뱅상의 시집

어느 세계에 당도할 뭇별 (현대시 기획선 57, 2021)

시인의 말

안과 밖의 슬픔들
제 혼자 중얼댑니다

낯선 요일의, 모놀로그

멈추지 못하는 낱말들
낮별로 뜹니다

희미해서 다시 불러 보면
……만 남아서

2025년 가을
김뱅상

차 례

● 시인의 말

제1부

검은 사각형 ——— 10
이집션 블루, 8/8 ——— 12
옆자리가 비었다 ——— 16
쏟아버리고 싶은, 오후 ——— 20
카페베네 2층, 혼자 둘이서 ——— 23
교집합 ——— 26
실루엣, 18:09 ——— 29
이중으로 닫힌 창에 대한 풍크툼 ——— 32
사물이 비치는 것보다 가까이 있음 ——— 35
구성 III*, 속의 카페 풍경 ——— 38

제2부

수요일의 빛깔 ──── 44
냉장고에서 비키니를 꺼냈다 ──── 47
삼각형의 눈빛 ──── 50
5시 28분, ──── 53
굴뚝이 비좁아서 목마를 만들었죠 ──── 56
낯선, 낯익은 풍경 ──── 60
첫눈 ──── 62
내가 수평이라 말했던 ──── 64
현악 삼중주 ──── 66
도로를 가로지를 때가 있다 ──── 68

제3부

무대에 오르다 ——— 72
모놀로그, 낯선 요일의 ——— 74
삽화가 된 휴지통 ——— 77
3시 17분, 바지랑대 끝의 ——— 80
지붕이 붉은 겨울 ——— 82
수수께끼 ——— 85
캐러멜은 녹아내리는 성질이 있다 ——— 88
저녁엔 압생트 한 잔을 ——— 91
사각지대 ——— 94

제4부

나는 ——— 98
온도가 낮을수록 색깔이 진해진다 ——— 98
박제 그림자 ——— 100
테이블에 놓아둔 얼굴을 끕니다 ——— 104
대합실 풍경 ——— 107
화요일의 식탁 ——— 110
가끔은 그림자라도 찌르고 싶다 ——— 114
오늘 입맛, 내성적입니다 ——— 116
액자 속 서른 즈음 ——— 118
가장자리 쪽으로 굴러가는 ——— 120
탄젠트 ——— 122

▨ 김뱅상의 시세계 | 임지훈 ——— 124

제1부

검은 사각형*

선들은 어둠 속으로 들어가 도형이 된다 아니 사각의 블랙홀

너와 헤어진 골목,
어둠 한 줌 머리끝까지 끌어당겼지

블랙은 나를 또 다른 벽 속으로 끌고 가고
간절하다는 것, 겨울 화분에 물을 주는 일

겨울은 스며들지도 않아
떡잎이 돋아날 즈음이면 내 튕겨 나간 검정 따위 찾을 수 없을지도 몰라

팔이 없어질까, 몸은 젤리가 되고
어디든 굴러갈 수 있는 도형은 없을지도

녹턴은 틀지 말아줘 뻣뻣해진 내 몸엔 블랙이 필요할 뿐이야

터널 속, 난 언제나 벽에 기대 살거든

오래 햇빛을 보지 못한 도형들도
날아오르면 나비가 될까?

나비가 바닥에 떨어진다
무슨 어둠을 핥으려던 것이었을까, 어둠이 도형 안쪽을 채우는

블랙은 사각으로, 또는
동그랗게

기다리지 않았는데 블랙은 너를 빨아들인다

이불을 당기자 더듬거리는 밤의 겹쳐짐에 대해

* 카시미르 말레비치. 1915년

이집션 블루, 8/8

  어스름, 눈 깜빡일 때마다 넌 선명해졌어 바다가 보이는 창가에서
    자꾸만 눈을 비볐지

  한줄기 비행운, 나는 멈춰 서선
    길게 널 가로질렀어 파랑이었다고 할까?

  파도 소리 사이로 갈매기 몇 날아갔고
    손바닥 안으로 들어온, 바다

  꿈속에선 자주 바람과 바람 사이, 새가 날잖아

  누가 파란 바탕에 희푸른 덧칠을 한 것일까?
    저 파스텔 톤의

  블루, 보송보송 털 묻은 수평선 하나 집어 드는데
    오목한 꼭지 닌출거리고

짙어졌다 옅어지고, 차오르다 희미해져 가는 빛

오션 블루였나?

*

비행운 자꾸만 자라나고
난 손가락이 몇 개인지 세어 보기도 하고

너는 등을 햇살에 반짝이며 손을 흔든다
손바닥에 남은 색깔들, 바람에 날리고

보송한 눈두덩에 담긴, 푸른

창에 매달린 컷 아웃*처럼
가위질을 해대도

바람에 실려 춤을 추는, 네가 있다

*

 공중인데, 음자리 하나 부풀고 있다
 모서리 별빛 스며들고
 반달, 얼마나 더 사위어져야 나 하나 생겨날까?

 선 위에, 있다 누구는 곡선이라 하고 다른 이는 직선이라 한다 가운데 선 나는
 어느 쪽으로 기울어져야 하나?

 내 위에 나를 눕힌다 다리를 포개고 공중에 손바닥을 포개면
 리듬이 생겨나고

바람 속으로 나를 긋는 소리. 그 선, 휘는 소리
아니 반달이 제 내강을 감싸는 소리

선을 당긴다 팽팽해진 어디쯤인지, 휘돌아 나오는 음들
두 옥타브쯤 밝다 비행운 사라지고 나 지워지고, 저리 푸른

미술관, 햇살 든다

* 앙리 마티스

옆자리가 비었다
— 피아노 계단

우린 가끔 야생적이지, 계단에 서서
왈츠를 구르며

왼쪽으로 스텝을 옮긴다 레 미
오른쪽으로 돌면 눈빛 하나 파에 머물고

돌아갈 수 없는 아니, 다시 찾은 왼쪽이랄까?

바람 지나가자 출렁이는 높은음자리
층계참까지 흘러내리고

눈을 접으면 꽃잎 하나 떨어지고
왼손을 풀자 계단마저 출렁거리고

왜 머리가 흔들리는 거지?
피보나치*로 확산하는 겨드랑이?

시 도, 음자리 술렁이고 머릿결 흔들린다

입술 치켜들면 건반 소리 커진다 포르테 포르테, 뻗어나 가고

내 얼굴, 속이 비어 있다 누가 탈출한 것일까?
동그라미, 이건 그림자들이야

끊어진 통화음이 부푼다
구름 부숭부숭 뭉그러진다

한 계단 오른발 내딛자
나 한 걸음 더 밖으로 사라지고

뭉개진 것은 음계였나?
아니, 계단엔 여물지 못한 네가 나뒹군다

반음 내린 건반을 밟는다 미, 여태 계단 아래 묻혀 있고

그가 한 발 더 구른다 레,

그래 오늘 오후는 느린 템포다

왼쪽으로 턴, 미끄러진다 출렁거리던 옆구리가 제자리로
돌아오고

끊어졌던 통화음 다시 들리고 길게 이어지지만
버튼을 누를 수 없다

반음 위의 계단을 밟을지, 내린 계단을 밟아야 할지
나는

숨을 고른다 바람개비 빠르게 리듬을 탄다

층계참 지나자 파, 왼발을 난간에 걸친다
발끝에 닿은 리듬 오른쪽으로 비틀린다

어디, 잇단음표 하나 부러두고 온 탓일까?
한 음쯤 밀려가는, 옆구리 한켠 자꾸만 결리는 스텝

끝이 다물어지지 않는 옆자리 하나

* 피보나치 소수가 무한히 존재하는지는 유명한 미해결 문제다.

쏟아버리고 싶은, 오후

블랙커피를 쏟으면 수평선 벌컥, 뒤집어진다

3월 5일, 바다는 그렇게
쏟아졌고

지나가던 바람에 비스듬 몸을 기울여 버린, 창유리마다
제 속을 덜어내던 방 한 칸쯤 있었지

우린 왜 기울어 쏟아진 집으로 들어갔던지

*

왜 우린 다시 바닷가 이 마을로 돌아왔는지……

어두워지면 창 몇몇 환해진다 그 방
바라보지도 못한 채 흘려보낸 저녁 어스름, 우린 서로

가장자리에서 태어나나 봐
움츠린 벽 속에 숨죽이며

난 블랙커피
넌, 새인가 블루베리 스무디를 마시고

내가 웃는다
넌, 운다 창을 막 빠져나온 탓일까 제법 검은 춤을 추며

짭조름할 거야 네게 나는
두어 모금 웃음을 쪼는 걸 보면

*

식어버린, 커피를 마신다 가장자릴 일으켜 세우면
내일이 오락가락 얽히는, 우리 마주
식어가지만

9월 5일, 또 커피를 쏟아버리고 싶어?

식상하잖아, 제발 춤을 멈춰봐

네가 또 운다
부리를 테이블 위에 쏟아부으며

토할 뻔했잖아

입술까지 묻어나온 커피 맛, 이리 쓰다
나는 또 블랙커피를……

카페베네 2층, 혼자 둘이서

골목을 떠올립니다. 설레던 작별
산국 몇 송이 울었던 것 같기도 하고

뒤꿈치가 가려워지고 그림자, 모서리가 접히던
몇 발짝 앞서가던 오후

*

등을 맞대면 딱딱해집니다 혼자가 둘인 이유
머그잔에 담긴 카페라테 한 잔 소주보다 쓴 탓입니다

삼거리 현대슈퍼, 간이의자 한쪽이 기울어지던
잔도 없이 병나발 기울이던, 여자
사내, 입술이 오물거리던 거짓말이라든가……

겨울이라니……

식은 소주가 목젖을 쓸어내리고, 갈변한

목소리
(아, 추위) 어깨를 들썩이며 골목을 돌아 나갑니다

바람 지나갑니다 마른 골목을 들썩이며
접힌 모서리를 들추지만
그림자 속의 그는 그가 아닌, 뒷걸음치고

설레죠, 아니 황홀하죠, 막다른 등을 허공에 기대면
제목도 모르는 노래 몇 소절

*

선인장을 키운 적 있어요? 그가 물어 올 것도 같아 물음보다 먼저

노, 해버린 나는
선인장 몇쯤 말려버린 여름 어느 페이지를 또

간절히, 찢어버릴 수도 있어요

하나가 둘이거나 둘이 하나이거나, 가시가 자랍니다
뾰족해진 우리는……

       *

골목을 사정없이 달립니다 어디라도 도착하겠지요
낯선 곳이면 좋겠습니다

교집합

어둠은 늘 사각으로 구획된다

누가 하다만 데생일까, 빨간 크레용 하나 꽂혀 있다

물속에도 길을 낼 수 있다, 교집합들
빛도 없이 꼬리를 흔든다

붉은색이 길 위를 달려간다

*

캔버스엔 까만 점 몇 개 떠 있다
신호등 흩날린다

내가 지나간다 가드레일 위에
접근금지 표지를 붙인, 표지판을 지나

안과 밖, 저 흐물거리는 경계

그리다 만 그림일까 저 불빛, 성가시게 흩어져 있다
여백에 남은 부스러기들

*

그와 머그잔 사이
의자와 테이블 사이
부풀어 오르는 경계가 있다

파라솔과 신호등 날개 사이, 겹치는 건 뭘까?

남자의 입술 흘러넘치고
안경 내려앉는 콧잔등

티라미수 케이크를 입술에 묻히며
그의 사각을 훔친다

차창 밖 어둠은 끓어오르고, 난 빨갛게 넘치고

실루엣, 18:09

그 사내, 속살이 빨갰을 거야

머리를 감으면서도 거품이 빨갛네, 늬었을걸
그릴 수 없는, 곧 꺼져버릴 거품의 질감 속살에 이어 붙인다

설핏 지나간 비, 바람 흐리게 터치하고
화면을 붉게 칠한다 더 빨간 점을 찍는다 뭉크?

*

그림 속의 그가 그림을 그린다 대개 붉은 물감을 사용한다
온통 저무는 것들에 대해

우린 불안한 점심을 먹었지 등 어디쯤이 자꾸 가려웠었어
매운맛이었던 것도 같아

비릿한 바다 내음 입안에 감돌았지, 그림 속은 자꾸만 덧칠되고

노을이 짙어졌을 때였을까, 그가 돌아보며 웃었어 뭉크를 봤어
몸짓이 온통 붉게 물들었던

*

물감 없이도 그림은 그려진다?

붉은 것들은 늘 뒷맛이 텁텁하지?
유리창 밖 그림자 하나 말을 걸어 올 때쯤

맞은편 창 열리고, 커튼 뒤 실루엣
(여자 옷을 벗는다 속옷은 팽개쳤을 거야)

불이 꺼지고 남자, 비쳤다가 사라진다
커튼 흔들린다 커튼과 커튼 사이 화분 하나 기울어져 있고

스위치를 눌렀을까? 그 모서리 반 뼘 위치에서 우연히 발견되는, 나의……

오토바이 지나가는 소리야 이건, 왈츠들 회오리를 도는 그림 속이야

*

내일은
해가 뜨려나? 노을이 유난히 빨갛잖아,

이중으로 닫힌 창에 대한 풍크툼

가로세로 크기가 없는 가장자리, 겹쳐 흔들린다
저 창밖

머리를 기울이자 구멍 뚫린 방충망 너머에서 설핏, 나비?
뭐가 보인다는 걸까? 불도 켜지 않은 골방의

낯선 얼굴 하나 뚫어져라 쳐다보는데
내가 비친다

(내가 언제, 왜 저 구멍 속으로 들어갔지?)

턱을 끌어당기자 눈빛이 따라오고
창이 비스듬해진다 그래, 나 구겨지면서 웃고 있다 속엣
것들 끌려나온다

가령, 화단 오후 모눈종이 여드름 얼굴 케이크 조각
아니, 신작로 미루나무 자전거가 지나가는

가장자리 밖으로 성에 부풀기 시작하고 모눈종이에 그려진 구멍으로 비친
　　창 뒤쪽의 풍경화 속으로
　　나와 다른 내가 고개를 주억거리는

　　창틈, 바람 몇 점 몰려온다 방충망 흔들리고 창 흔들리고
　　창틀에 걸린 음화 한 폭 휙 떨어지고

　　그럴 때가 있지, 노래 따윈 부르고 싶지도 않은 애저녁
　　낮은음자리라고 다 슬픈 건 아니지만

　　테두리가 허물어진다 눈을 감아도
　　모눈종이 속은 부풀어 흘러내리고 케이크 묻은 얼굴 하나 페이드아웃 되는

　　흩어지고 사라지는 것들 창밖에 자꾸만 쌓이는 거 알지?

내가 내게 말해 주어도

고개 떨구지 마, 창을 봐

방충망이 찢어졌어 구멍 속으로 자꾸만 빈 얼굴, 지나가는

사물이 비치는 것보다 가까이 있음

　네모 속으로 눈을 들이밀면 동그라미 오른쪽 아래로 처진다
　뒤가 비치는 세상엔 처지는 것들이 있다

　동그라민 왜 엉덩이로 보일까, 왼쪽은 오른쪽으로 찌그러졌을까?

　뒤태는 늘 엉뚱하고
　뒤뚱거리며 굴러간다, 네모 속에선 엉덩이가 뚱뚱해지고

　그래, 엉뚱한 거미 한 마리 네모를 가로지른다
　저리 맑은 세상, 따박따박

　거미는 가로지르기를 좋아하는 걸까?
　위에서 아래로 기어오른다 줄도 없이 모서리 쪽으로 구겨지다가 무릎 찌그러지고

　백미러 속인데 왜 속이 비치는지 몰라

모서리쯤에선 점이 되기도 한다
　자꾸만 몰려오는 도형들이 한쪽으로 쏠리면 알을 낳기도 하는

　줄을 탄다 잊어버린 왼쪽을 찾아 나서려는 걸까?
　햇살 한 톨 동그라미 속에서 삐져나오고

　지금부터야, 광합성을 시작할 시간

　네모 속 도형들 햇살 쪽으로 쏠린다, 잘 여문 점 몇 개 꺼내 손바닥에 올려보면
　햇살 비낀 자리마다 구겨진 지문 몇 줄

　구불구불한 삼각형? 사각형?
　오른쪽으로 기울어진다 내가 동그라미 쪽으로 굴러가면 거울 속 팽팽해지고

접힌 모서리, 펼쳐진다
네 얼굴 뻔뻔해지고 내 몸통 물컹해지고

내가 나를 포개면 네가 늘 내 속에 있다

뒤가 보이는 거울 속엔 엉덩이들 쏟아진다 그때쯤
햇살마저 기울고, 점점 가까이 엉뚱해지는

나는 빨간 볼펜으로 네모의 속살을 찌르기 시작한다

구성 Ⅲ*, 속의 카페 풍경

여자1, 파도도 없는 거울 속에 물수제비를 띄운다
  몇 번의 뒤척임, 노랑

여자2, 여자1을 사진 찍는다 빌딩과 창틀 사이 남자 끼어들고
  거울 물컹해지고, 빨강 흘러들고

물수제비 몇 번이나 더 튕길까?

여자2, 남자를 사진 찍는다 셔터를 누르는 찰나 앵글 속으로 여자1 스며들고
  왜 색깔이 사라졌지?

초점을 어디에 두었더라? 여자2, 문득

저들이 한통속일 거라는 생각
  등대 쪽으로 뷰파인더를 옮긴다

해무가 끼었을 뿐인데 뿔 달린 고래들이 왜 뭍으로 올라와 있지?

파스텔 투 톤, 블루, 노랑

남자가 돌고래였을 거란 생각, 쓴 웃음을 짓는다

색깔이 비어버린 모래밭에 배경으로 늘어진 바람 또는 파도

한 방향으로 몰려가고, 여자1 사라지고

남자 다시 등장한다, 도대체 무슨 연극을 하자는 거지? 2인 3각?

검은 선과 뷰파인더 속을 비교하다가 유리에 비친 제 그림자를 찰칵

밤인가, 오른쪽 허물어 내린 반달 중천인데

파도는 일지 않았고, 카페 2층
반투명 벽을 사이에 두고 창밖으로 공간구성 되는 여인1 남자 돌고래 빌딩……

구성, 속 남자와 여자1 사이 배 한 척 지나가고 갈매기 서넛 걸어가고

요즘 고래들은 모래밭에서 잠들기를 좋아하나, 여자2 눈을 감는다

남자, 하얀 커피잔을 들고 계단을 내려가고
해무 사이, 114번 버스 지나가고

감긴 눈 속으로
등을 보이며 돌아보는 남자, 체온이 남아 있을까?
다 읽히지 않은 몸통 비친다

곡선이라고는 없는 뒷모습, 저 남자
별것도 아닌, 흘끗거리는

왜, 사라지지 않을까? 색깔들

* 몬드리안 구성 Ⅲ, 1935년

제2부

수요일의 빛깔

오후의 가슴둘레, 바이올렛이다
어깨너머로 햇살 서너 줌 짓물러지고

하늘 바다 돌 파도, 한통속으로 물들어 가면
저녁, 벤치 옆 길목을 서성인다

막 몸속을 통과하는 스펙트럼의 맨 아래
끊어지듯 이어지는 선율들

바람 아니, 바이올린
그래, 이럴 땐 세상에서 가장 긴 혀를 가진 내가 나를 핥는 거야

닿을 수 없는 우듬지가 있었지
내 속에 나 부풀어 오르고

가슴둘레가 왜 이리 꿈틀거리지?
카페베네 2층 창가

맨 아래쪽 옆구리 울렁일 땐 마른 나뭇잎? 흔들린다
둥치마저 꿈틀거리고, 이 몸통

사라진 줄 알았던 것들 몸 안쪽을 향해 걸어온다
바스락거리는 것들이란 늘 조금씩 어려운 것이지만

가위를 들고 장미 넝쿨을 자른다 가시들은 손가락을 손등
을, 가슴을 찌르기도 하지
  잘려 나간 꽃들 흩어지고

저녁의 빛깔 손바닥 위에 올리면
잘린 지문들

바람 사붓대는 길목에서
푸른부전나비 한 마리 오물거리는

바이올렛, 어둠 쪽으로 겹쳐져 가고
내일은 또 어떤 빛깔들, 자라날까?

냉장고에서 비키니를 꺼냈다

내가 비키니를 처음 입은 것은 겨울이었죠 속을 다 비워내고

   옷을 거꾸로 벗는 일이었어요 눈썹을 치켜 그렸다니까요

그가 새 애인이 생겼다고 집을 나가서는 위스키 냄새를 풍기며 들어왔어요

   어둑어둑해져 있었고, 아니 캄캄한 밤이었죠

그런저런 것들을 삼키고 있었어요 나는 방안에서 가장 큰 그림자로 있었고

   두려움 따윈 없었어요 그는 나뭇등걸로 처박혀 있었거든요

두 번째로 비키니를 벗은 날은 그로부터 사흘이 지난 밤이었어요

   반쯤 죽어 있었죠 *밤에도 비키니를 입을 수 있네,*

   천둥소리로 덮인 세상 하나를 열어젖혔죠

소리들은 환하게 빛났어요
나는 서 있었고 그는 구석 자리에 앉아 있었던

안경을 챙겨 끼고 나는 사라지는 쪽으로 걸어갔어요
아랫배가 차가웠죠 머리가 없었고 어깨가 자꾸만 퍼져 나
갔어요

맞은편에서 눈사람이 걸어왔어요
녹지 마, 옆구리에 눈덩이 하나를 더 붙여 주었죠

몇 번 비키니를 입을 기회가 있었죠 까만색이었습니다
허벅지 사이엔 늘 검은 빛이 돌았거든요

그런 날은 하얀 도깨비들이 출몰하곤 했어요 놈들은 늘
붉은 뿔을 달고 있었죠

그를 다시 만난 건 내가 막 마지막 비키니를 벗는 찰나였어요
그의 눈빛이 내 배꼽에 닿을 때쯤 오지 마,
귀를 쫑긋하였죠

냉장고에서 비키니를 꺼냅니다 블루입니다
나는 드디어 차가운 물에 수영을 할 수 있겠다

비키니에 혈흔이 묻어 있어요
이런, 해바라기

삼각형의 눈빛

둔각을 꾸욱 누르면 콧날이 내려앉고
오른쪽으로 쏠리는 턱선

길쭉한 동그라미 속에 든, 삼각형들
빗변을 하나 더 그으면 눈빛 엇갈린다

그래, 삼각형은 바다를 생각하게 한다
흐물거리던 동그라미들 수평선보다 빠르게 가라앉고

눈동자
심해 쪽으로 쏠린다

오므린 저 입술, 해연일까 역삼각형으로 가라앉는 깊이
어그러진 아침 탓일까

남자, 오른쪽으로 머리를 돌린다
눈을 들다 왼쪽을 본다

눈동자가 발밑으로 떨어진다

코가 무릎에 닿을 때쯤이었을 걸, 버린 예각의 눈빛 언뜻 비쳤고
입은 지나가는 배를 닮아 있었고

먹다 남은 커피 빛깔 삼각형 위에 번지고
오른쪽으로 퍼져간다

바닥에 깔린 눈빛 어디로 흘러들까?
내각 하나 수직으로 흘러내리면

수평선 흔들린다 왼쪽 가장자리 휘어지고
저 빗변, 지구 반대쪽으로라도 날아갈까

서역 어디쯤의 어둠일까? 쏠린 턱선

몇 페이지쯤일까, 눈을 감는 남자 저 묵시

5시 28분,

손톱달 본 적 있죠?
어떤 경계에선 뭐든 끼어들잖아요 어둑해집니다

거미들은 늘 어두운 쪽으로 쏠립니다 그렇죠, 어제의 거미는
창 뒤쪽으로 몰려갔을 겁니다 묵힌 일들이라도 있는 걸까요

떠 있는 말들을 잡았는데 거미줄 속이었어요

구름 몇 컷 걸려 있어요 컷, 컷 당겨보면
거미 알이 끼어 있을지도 모르죠

거미가 벽을 타고 내려옵니다 콘크리트 표면 위로 어둠이 굳고 있어요

*

어둠은 늘 이분법적이죠
사라지는 거미와 굳어가는 어둠

벽과 창 사이 화분 하나 놓이고
나무는 납작하게 자라죠

비스듬해지는 건 창뿐이 아니에요 어둠은 자주 느슨해지죠
흔들리는 게 거미줄만이 아니듯이

개가 돌아봐요 보세요, 저들도 자꾸만 늘어지잖아요
꼬리가 경계에 낀 동물성과
화분 속 납작한 식물성, 한통속으로 굳어갑니다

가려운 것들이 늘 먼저 끼어드는 법이죠

어둠은 창에다 제 밖을 그려놓습니다
거미가 그려 놓은 무늬 속으로 들어가는 거, 보이세요?

어제 죽은 거미였나 봅니다
어둑어둑해지는, 손톱과 손톱 사이

떠 있는 말들을 잡았는데 거미줄 속이었어요

굴뚝이 비좁아서 목마를 만들었죠

목마가 되기 전의 통나무에는 가장 높은 산의 에코가 살았던 걸까요 어느 영화에서도 가르쳐주지 않았던 남자 님프들은 또 어디서 자랐을까요?

메타세쿼이아 숲이었을 거예요 속살이 차오를 때쯤엔 빨간 옷을 입잖아요 한참, 눈을 뗄 수 없는 것들이 조용해지질 않습니다

누군 페치카에 장작을 던져 넣을 거예요 호두과자 향이 앞뜰까지 몰려올 겁니다 불이 타오를 땐 꿈의 가장자리가 끓어오를

동으로 머리를 눌 거예요 그건 목마가 타오르기 이전의 얘기
목마는 어떤 책의 문장 속에서 죽어 나갈 겁니다만 저 님프의 엉덩이 참으로 섹시하죠 그럴 땐 눈을 감아야 합니다

간밤 꿈에 나왔던 로마 병정은 실은 돼지 같았어요 짧은

치마를 입은 꼴이라니

　다리엔 터럭들 듬성했었죠 잠들기 전에 벗어 두었던 외투라도 건네주고 싶었지만 그 순간엔 난 시인도 소설가도 아니었죠

　치마를 뒤집어 보려다가 내가 남자인지 여자인지를 잊어버렸어요 꿈속에선 굳은 생각이 잘 펴지지도 않아요

　목마는 하릴없이 잠들어 있어요 자폐를 앓고 있는지도 모릅니다 아니 석양증후군이 새로 생겨났을지도
　그나저나, 저 목마 저녁밥은 먹었을까요 갑옷 입은 병정 몇쯤 한입에 삼켰을까요
　여전히 창백합니다 다리엔 경련이 일어난 듯 헛다리를 짚곤 합니다

　바다에 도착하기 전 목마를 떠나 보냈습니다 페인트칠이 약간 덜 마른 엉덩이를 찰싹 때려 주었는데 지문이 꺼지지 않더라고요 이만하면 목마를 잡아먹는 짐승들의 입술엔 루

주가 묻어날 거예요

　오늘 밤 돼지는 그냥 잠들 수 있을까, 돌돌 말린 꼬리를 펴보다가

　목마 얘기를 접어둡니다 통나무뿐인 얘기가 재미있을 리 없죠 시니컬한 장면이 나타나면 고개를 돌릴 겁니다 나는 나와 비슷한 사람을 싫어하거든요 대칭점을 찾다가 바다 쪽으로 밀려납니다

　헌데 목마, 이젠 날개가 다 자랐을까요 날아오를 수 있으면 좋겠습니다
　날아오르는 것들을 떠올립니다 난 내 애인이 물속으로 날아가는 걸 본적도 있어요 참으로 긍정적인 나비였죠 치마를 입고 있었는데
　속 날개가 비쳤거든요

　나는 2시와 3시 사이에 잠들곤 합니다 공원의 불빛들 다

꺼질 때까지 기다리죠 내가 벌인지 나비인지 또는 꽃인지 알 수도 없을 때까지 날아다닙니다

  깜깜한 문장을 쓰거든요 속이 검잖아요 굽은 등을 가졌어요

  나비는 나를 기다립니다 내가 쳐다보면 천장에 있어요 나비 따라 날개를 펴고 날아오르려 하지만

  천장의 질감은 너무 깜깜합니다 크레용보다 더 무겁죠 비행에 실패합니다

  모서리를 찾습니다 창이 뚫려 있거나 오래된 굴뚝 하나쯤 있지 않을까요?

  굴뚝으로도 날아다니는 것들이 자주 출몰하네요 날아다니다가 검댕이 묻으면

  그 님프, 나비에 가까울까요 목마 쪽일까요?

낯선, 낯익은 풍경

나비들도 가끔은 겨드랑이가 가려울까?

가끔은 우기고 싶다 무단히
겨드랑이 속으로 나비가 숨어들 수도 있다,는

옆구리를 퉁기자 두꺼운 밑줄, G현인가?
붙이거나 띄어도 사라지지 않는

아랫배를 쓸어내리자
붉어지는 밑줄

배꼽 아래 자리 잡은 줄을 당겨본다
그 아지트 모퉁이 끌려오고, 그림을 더듬는다

문고리도 없는 방이 있다 누구도 찾을 수 없는
별을 헤아렸던…… 물고기자리 그 남자

웃었다

점이었을까, 별자리 듬성해지고

아픈 한 켜, 늘
표정을 겨드랑이에 욱여넣어도 발끝까지 자꾸만 가려워지는

낡은 겨드랑이 한 짝 뒤집혀 있다 오목, 가려워진
헐렁한 내가 걸쳐져 있고

바이올린 선율 펌프질을 한다 여전히
마중물 올라오고, G현 떨린다

겨드랑이, 밑줄을 문지른다
옆구리 쪽에서 울던 나비 한 마리 막 날아오르고

첫눈

동그란 것들을 모아볼까, 송 송 송이

꼬리 살랑대는 태평양 몇 개쯤
홀씨 되어 날아가는 히말라야 봉우리 몇

눈 뜨고도 놓치는,

가벼운 것들 스쳐 지나가고

집채만 한 애벌레 소리들

하늘을 땅을 바다를 별을
손바닥에 담으면

달랑,
가벼운 뒤통수 같은 것

꼴뚜기가 뛰는 순간은

하늘이 소금에 절여지는 부피일까

옆구리에 꼬리를 무는 무게로
세상 몇 바퀴씩이나 굴리는

눈이라고, 딸랑
내리자마자 보이지도 않는, 첫

아흔아홉 번의 그 눈빛
한 번 아른거리는

첫, 눈
지키지도 못할 약속의

내가 수평이라 말했던

저녁노을에도 닿지 못할 기울기가 있네
눈을 뜨면 불빛이 잦아드는

빗변 흘러내리는 말들도 편평해질 때가 있어
뱉지 못해 미끄러지기도 하고

노을과 어둠 사이 기울기

가을, 봄 사이
아니 겨울과 여름쯤이었을 거야

목이 뻣뻣해지면
속엣말이 돋아나잖아

헛돌아가는 시계 탓일까?
우린 늘 역류 당하고

리듬이 기울어지고 있어

질감을 풀어놓으면 공중이 내려앉는 노을

겨울의 뿌리가 예각을 빨아들이며
눈빛을 더듬는 저 기울기 좀 봐

덧칠할수록 뾰족해지는, 저 붉은 기울어짐의

현악 삼중주

쏟아지는 것들은 단호하다
거부당한 것들, 바닥에 피어난다

새들이 젖은 음으로 내려앉고

쏟아진 것들에도 햇살은 내려온다
거북거북, 반짝이고

꽃들도 울음을 울까?
뭉텅뭉텅 울며

이런 슬픔쯤 한 옥타브 더 내릴까?

목요일과 금요일 사이
높낮이가 있는

헛울음 저만치 앞서가 있고
화음들 어긋나기만 하는

우린 안,팎으로 만나
보이지 않는 것들이 있는 풍경 속으로 빠져들어서는

돌아가는 길은 왜 도돌이 화음일까?

머리를 더 웅크리면
무시로 눈이 떠질까

허니카페, 비발디에 머릿속을 늦추면
봄비, 제자리걸음으로 어둥대는

도로를 가로지를 때가 있다

또또동전노래방에 들어가기 위해선 도로를 가로지르고
계단을 올라야 한다

몇 마리 새들이 따라와 빈 구석으로 날아갈 수 있을까?

바짓가랑이에 달라붙은 날갯짓이 자꾸만
바닥으로 뒹군다

떨어져 엉기는 것들
비어 있는 구석들을 휘감는다

젖은 머리를 흔들면
얼굴 속으로 엉겨드는, 빈

동전 몇 개를 밀어 넣는다

등 돌리면 내 그림자가 나를 따라 흔든다

한 소절이 끝났을 뿐인데 난 숨소리로 그득해지고

내가 이리 거칠었었나, 눈동자를 굴려 봐도
사이키 조명뿐인 천장, 빈 것들 늘 비어 있고

잃어버린 것들은 잊혀져 가고
기억조차 흐려지고

벽을 두드리자 동전이 튕겨져 나온다
거부당한 나는, 또 어디로 튕겨 오르는 걸까

텅 빈 방에, 덩그러니 접혀진
나, 몸통을 감싼다

접힌 머릿속, 빈방이 있어 다행이다

동전을 뽑는다 도로를 가로지르고, 한걸음
계단을 오르고

제3부

무대에 오르다

빈 박스에 나를 담는다
해가 진다

LED 불빛 빗금으로 흘러내리고

수건을 머리에 두른 바람
'잠깐 멈춰 보세요'
불빛이 등을 스쳐 지나간다

멈출 수 있을까?
나를 들고 서 있는 나는

돌아보아도 내가, 없다
잠깐 사이 어디로 갔을까

빈 수레에 빈 박스를 올린다
무대를 빠져나가는 뒷모습

무대에 던져진 나,
일으켜 세우는 어둠이 있다

모놀로그, 낯선 요일의

잊어버린 것들이 있었지 토요일이었나 아니, 일요일?
아니 아니, 왼손잡이?

대낮에 웬 달맞이꽃? 오늘은 손톱달 또는 흐린 표정들 자꾸만 물비늘에 밀려다니는
 젖은 구름의 틈새, 네 눈빛
 금요일이라고 아무에게도 말하진 마

 오늘은 왼손을 비워두세요
 월요일의 날씨엔 꼭 쥐어짜야 하는 것들 있거든요 단감을 깎다가 칼을 오른손으로 옮기면 갑자기 둔해지잖아요

 그땐 왼쪽과 오른쪽, 안녕이라고 인사라도 하는 거에요

 이젠, 손바닥을 펴 보세요
 거꾸로 비친 당신의 옆구리엔 낮달 비치고
 달맞이꽃 한 송이 떨고 있죠

나, 내일 무슨 색깔로 내 앞에 나타나고 싶었을까?
화요일엔 빨간 루주를, 어제는 빨간 스카프를 생각했었는데……

그래요, 측백나무 아래에선 키스도 못 나누었잖아요, 물수제비 몇 개 띄워 넣습니다
――――――가라앉는 아니, 끔벅대는 얼굴이며 풍경들

거꾸로 쏟아보세요 흔들리던 몸 따위
오래된 손짓 같은 꽃 한 송이 필 땐 외발로
물가에 서 보는 거죠

오늘은 푸르죽죽 달맞이꽃 필 거예요
그들은 늘 잃어버린 길가에 피거든요

눈을 감아요 청개구리 울면 신발을 벗어두고……

수요일은 그렇게 지나가는 거예요

날씨가 꺼멓잖아요 오늘은 어제인가요?

내게 당도 할 수 없는, 나는
바람보다 먼저 다가서는 물비늘 소리를 듣습니다

하늘을 다 가졌지만 이 저수지의 냄새는 혼자인걸요.
미안해? 용서라도 받듯

삽화가 된 휴지통*

머그컵?

휴지통 앞에서 말이 꺾인다

보도블록 한 장쯤, 기울어진 머그잔에 스트로를 꽂아 넣자
뭉그러지는 속엣말 몇 모금

와글시글, 끌려오는 발바닥 조각들
가로세로들, 콜라주

나 왜 휴지통 앞에 서 있지?

*

얼굴 따윈 필요 없어, 뒤통수를 반쯤 기울여 보면 알아
숨은 것들이란 가장자리 쪽으로 기울거든

머그컵을 뒤집는다 오토바이 소리 자동차 소음 엎어지고

소프라노, 어제 죽은 여배우의 대사 비스듬히 선다

공중으로 돌아가려는 것일까?
 너와 난 어깨를 들썩였잖아, 어슷 햇살이 잘려 나가는 찰나였어

 라운드 미드나잇 흐르고
 피카소 달리 에른스트 마그리트, 지나가고
 머릿속에 엉겨드는 토끼 여우, 이건 뭐! 짐승도 아니고……

 비스듬한 것들은 늘 새롭지
 저 휴지통 좀 봐, 기울어 있잖아 오늘은 취하지도 않았어

*

 미술관 앞, 제 발로 걸어 나간 발바닥들 자꾸만 말을 걸어오고

난 머그컵이나 툭툭, 기울이며

* 르네 마그리트 〈삽화가 된 젊음〉 변용.

3시 17분, 바지랑대 끝의

바지랑대에 달랑거리던 햇살 흘러내린다
옥상 난간 벽에 그림자 한 폭 자라다 흔들린다 데생 작업 중인가?

누가 그리는 묵화일까? 바지랑대, 그림 속으로 고개를 내밀자
화폭엔 비스듬, 웬 丆 자?

그림자, 마지막 획하나 여태 찍지 못하고
저 자리, 새 한 마리 앉으려나?

그림 속에서 빠져나오지 못하는 바지랑대, 짧은 그림자를 낙관인 양 뭉개는데
그 새, 한 발 만으로도 이 계절 견딜 수 있다는 걸까?

세상엔 마음대로 되는 게, 있다
새 한 마리 앉았다 간 그림 속 자꾸만 자라나고

새 한 마리 또, 날아와 점을 찍고 간다
흔들리다 사라지는 획, 不
누군가 자꾸만 쓰다가 지우는

그림자 한 계단 내려서고 나, 그림 속으로 흘러내려
아니다 아니다, 자꾸 날 지워가는

지붕이 붉은 겨울

그믐밤엔 거울을 보는 버릇을 만들었다 모서리까지 차오른 어둠을 갈피에서 빼내자
  뼈만 남은 표면에 광대들 드러난다

*

핸들에 손을 올린 채 거울 속 백미러를 응시한다 불 꺼진 건널목 앞, 기적 하나 뽀얗게 밀려오고

깜짝, 눈 뜨는 찰나 산이 지나가고

햇살 받은 설산이 거울 속으로 들어온다
한 컷 늘여놓고 싶지만, 막 기차가 지나가고

저 빛깔 미처 만져보지도 못했는데……

*

홀연 침범해 오는 토끼잠 절반쯤 고꾸라지고

토끼는 꼬리를 바닥에 바투 세운다 꼬리뼈가 사라진

킥보드를 타고 몰려온다

내 몸을 지나 골목으로 빠져 나간다

모퉁이엔 크로키로 그려진 내가 엎질러진다

두리번거린다 옆엔 눈이 사라진 여인

묻지도 않았는데 당신, 오시는 중이라고

*

설산을 찾아 나선다

엽서였을까 하얀 눈 위에 떨어진

질척거리던 길 다 지났고, 보송거린다

누가 만들어 세운 어둠이 이리 하얄까
나를 내려다보면

종이 위엔 발자국만 걸어간

누가 놓쳐버린 나일까? 중턱까지 끌려 온
눈사람

*

어둠을 오른다 당신 마중이라도 나서면 다 타버린
숯내가 밸 것 같은

백미러를 풀어헤치면 눈이라도 깜빡 오실

수수께끼

파도가 덜컥거리는 사막을 건너는 중이야
하얗게 들썩이는 모래밭

늘 설레던 머릿속
발길이 붙잡힌 걸까

신기루였을 거야 그 돛단배
파도 속으로 사라졌다 떠올랐다

이건 네바다 사막의 그 마지막 밤이 틀림없어
가끔씩 알 수 없는 것들의 등장은 짭조름하잖아

바다를 보고 있어 때론 네가 뒤집어지던 크레바스였을까
몇 번이고 내리꽂히던

룰렛이 돌아가고, 파도가 멈추기만 하면 샴페인이 터지던

사막

   그러다간 문득 눈이 휘날리잖아 모래 바람 불고
   네바다, 네 바다를 건너면
   그 파도 자꾸만 크레바스 속으로 잠기어 가고……

   낯설지 않은 풋잠을 설쳤어
   아주 잠깐 웃음 흘러나왔지, 돛단배 흔들리고

   식탁 위 조반이 식어가고 있어 밤바다가 태풍에 시달렸나 봐
   간밤에 파닥이는 날것들이 목에 걸렸어

   블랙커피를 마셨어 돛단배들도 풋잠도 바닷속으로
   돌아갔어 들썩이던 머릿속 모래밭에도
   아무 일도 일어나지 않았고

덜컹거리던 것들은 무엇이었을까?
설레던 네 바닷속의

캐러멜은 녹아내리는 성질이 있다

터널을 빠져나오자 소나기 쏟아진다 구멍 속으로 물이 스며든다 내가 가진 주머니들 흘러내린다

주머니 속 알 하나
울타리 밖으로 우화한다 날개를 말린다

냉장고 문을 연다 덩치 큰 짐승 한 마리 꺼낸다 손바닥에 올려놓고 핥으면 눈알 한쪽이 녹아내리기 시작한다

주머니를 구겨 눈을 닦는다 속눈썹에 흘러내리던 잠들이 말라가고
웃옷을 뒤집어 벗자 돌돌 말린 구름들이 중얼거린다

왜 캐러멜들은 사막에 살았을까, 비를 맞으면 아랫도리가 흥건해지고
모래들이 쓸려나갔다
캐멀을 두른 캐러밴들의 발자국들 점점 사막 쪽으로 쏠

리고

　말이 없이도 귓불은 자란다 납작하게 태어나는 귓바퀴는 모래 속으로도 굴러갈 수 있을까?

　모래 속엔 굴러가는 것들 산다
　날 갠다 터널을 돌아보다가 주머니를 스쳐 간 마을의 이름을 떠올린다 골목마다 그늘이 흩어져 있고

　옥탑방 쪽으로 기울던 그늘을 흔들자 어깨 뼈가 덜컥거린다 눈물 젖은 주머니 알을 꺼내 먹는다 뒤집힌 웃옷을 다시 뒤집으면

　캐러멜들은 냉장고 속에서도 녹아내리는 걸까?

　흥건해진 사막엔 목이 긴 짐승들 자라난다
　다리가 짧고 목만 긴 짐승을 기린이라 부를 수 있을까, 내려다보지만

그림자들 금방 다리가 길어지고 모가지 더 늘어지고
눈 쌓인 사막엔 흐물거리기만 하는

그늘을 만드는 건 주머니의 습성이다, 죽은 모래를 하나
씩 센다 뜻이 사라진 낱말들을 씹으면
잊어버린 것들을 다시 잊어버리게 된다 가령

*햇살이 쏟아진 터널은 옥탑방 안에선 더 이상 사각거리지
않는다* 잎새마다
죽은 햇살을 떨어내면 캐러멜만 남는

생생해지는 뿌리가 있다 빳빳해진 그늘을 덮어쓴 줄기를
어둠 쪽으로 옮겨 심는다 넝쿨이 옥탑방 위로 뻗어나가기를
기도하며

뿌리에 물을 흠뻑 준다 그늘은 잘도 죽어나간다

저녁엔 압생트 한 잔을

사이를 넘본 지 한참이나 되었어요 까만 것들 넘쳐나고
돼지를 때려잡을까 고민 중이에요

끝도 없이 지우고 지워도
생겨나는 거품들 있어요

자석에 달라붙는 거라고 다 쓸모가 있을까요

검은 것들은 아무 곳에나 달라붙으려는 습성이 있죠
붉은 두 줄의 매를 맞고서야 모습을 감추기도 하지만

엄지와 검지 사이, 힘을 줘 봅니다

노을을 끌고 오네요
노을 속으로 네가 올 것 같은 그런 날입니다

엉겨 붙어 좋은 날은
엄지와 검지를 부려먹습니다

빨간돼지꼬리들 생겨납니다
돼지들이 방향을 잃고 헤매네요
꼬리표를 달아준 건 참 잘한 일……

한쪽으로 몰아넣습니다 숨통이 조여들어도 조금 환해진 것 같네요

보석이 있어 여백에 미리 써 놓습니다
샹들리에 속에 든 보석을 찾을 수 있을까요

사이가 넓어진다는 것은 생각이 많을 수도 있다는 얘기죠
눈도 시원하잖아요

꼬리 묶인 돼지들이
묶이지 않은 것들 사이를 넘봅니다

저녁엔 피가 끓어오른다는 압생트 한잔을 홀짝여 보렵니다

너는 내 옆에 있다, 말합니다

사각지대

접힌, 사과 맛이었어
귀퉁이가 사각거렸지

어슷무늬 그림자
낯선

계단은 늘 위로만 향해 있을까?

삐거덕거리는 곳은 헛디디기 좋아, 볕
들어차던

골짜기를 더듬거리는 기억
떠난 것들 습자지 속으로 그려지고

밤새 무지개가 지나갔을까
땅으로 내려오지 못하는 햇살이 수직으로 솟는,

그림 본 적 있니? 기차가 솟아오르는 질감의

사과 맛이란 늘 우툴두툴하잖아
뾰족해진 편지의

떼창을 부르며 지나가는 검은 모자와
껍질뿐인 비탈

뼈대만 남은 수평이 있어, 머리를 옆으로 눕히면
별들은 오른쪽으로 흐르고

잘려 나간 것들 어슷 엮인다
산을 넘는다

덜컥, 사각지대에서 먹는 사과의

제4부

나는
온도가 낮을수록 색깔이 진해진다

햇살보다 꽃말, 쏟아진다
머그잔에 우르르 떨어지는 눈빛, 이층 창가

그늘, 왼쪽으로 기울어져 있다
마른 슬픔들 흘러내린

엉킨 것들 말라간다
비틀려 마를수록 터져 나오려는 체온

흩어지는 분홍과 자꾸만 솟구치려는 시니피에
엉킨, 세모 네모들

당신 늘 마른 꽃말로 다가오고
온통 몸서리치는 몸짓이었는지도 몰라서

바다를 향해 뛰어내린 기분이 창가에 오도카니 앉아, 오늘은
커피 한 모금 사이 꽃 떨어지는 소리

당신, 왼쪽으로 기울어 있었잖아?
낮은 체온을 흐트리며 꽃말을 던지곤 하던, 그 환한 울음

일그러지지도 않고 소리 없이 다가와
내 표정에, 겹쳐 쌓이고

해무 피어오르는 4시, 블라인더를 한 칸 더 내려 보지만
잡을 수도 가둘 수도 없는

테이블 위에 부겐빌레아 꽃,말 한 잎 자릴 뜨지 못하는

박제 그림자

더듬이가 잘려 나간 그림자들 거짓말을 쏟아냅니다 형광 깜박입니다

신발을 더듬는데 문득, 머릿속이 하얘집니다 엊그제 붙잡힌 슬픔엔 고막도 없다던데
  핀 박힌 가슴 하나, 떠오릅니다

무슨 울음이 이리 더듬거릴까요? 현관에서

                    *

현관 센서 등이 켜진다
더듬, 더듬
빛이 사라진다 누가 다녀가는 걸까?

문 쪽을 바라본다
여닫이문 열리지도 않았는데

다시 불 켜지고 문 앞, 웬 발자국?
귀 기울이면, 박각시나방 한 마리

더듬이 겹눈, 불빛 따라 어두워지고
저런, 몸에 꽂힌 저 핀 좀 봐

얼마나 오래 뽑지 못한 가슴일까? 녹이 슨 몸통하며……
깨진 날개 끝

그래,
녹슨 게 어디 나방 몸통뿐일까?

현관, 어두워진다

어떤, 어둠은 등으로부터 오는 걸까?
머릿속, 어두워지고

어둠 속에선 왜 눈을 감아야만 돌아볼 수 있을까? 어둠에도
센서가 있는 걸까, 나를 닫으면

빛 들어온다 들어서지 못하던 발자국들, 다시
돌아온 게 틀림없어

*

문 앞을 서성이는 그를 본다, 이내 돌아서는

환한 어둠 속에서 손 맞잡고도
이렇게 커다란 틈 하나 비집지 못하는, 뒤꿈치 든 저 발자국

그런가, 너도
가슴에 박힌 핀 하나 네가 빼지 못하는구나, 빈 머리를 흔
드는

더듬이를 꿈틀거려 보지만

잘려 나간 촉감, 어느 불빛을 따라 갔을까?

한밤, 현관에 불 켜지다 꺼지면
자꾸만 버둥거리는 나방 한 마리, 또는 그림자 한 쌍

날 만나지도 못하고 힐끔 돌아서려는

*

무슨 그림자들이 이리 희번덕거릴까요?
어떤 슬픔은 왜 자꾸 더듬거리죠?

테이블에 놓아둔 얼굴을 끕니다

아메리카노 한 잔, 저리 굽은 울음을 움켜쥐고 있다
유리잔에 흘러내리는 물방울들, 방울들

휴지를 구겨 언저리에 둔다 공중으로 터져 오르려던 슬픔이
눈을 내리깔고 있는 오후

절벽 쪽으로 쏠리던 눈빛
유리잔 속으로 마름질 되고

*

저 빨간 꽃 좀 보세요 고개를 들며
바닥에 깔린 꽃말을 그리고 싶었는지도 몰라, 그 화가
엉킨 붓질이 화면 밖으로 흘러내리고

삼거리 지났을까 그늘 우거진 느티나무 지나 반쯤 허물어진 담장의

왼쪽으로 돌아누운, 장미

발목이 젖은 저 빨강, 눈을 감아야만 보이는
개울에 내려서 발가락이라도 씻어내고 싶었을까, 그러다 만 풍경

*

모자를 눌러 씁니다 어제 읽은 책 속의 문장들을 지우고
오늘, 써 내려간 문장들을 끼워 넣죠

모서리에 반짝이는 햇살 봄 봐요 어떤 눈빛들은 우듬지 쪽으로 쏠렸던 게 틀림없죠
문장들이 겹쳐 보이면 안경을 눌러 쓰세요

우린 늘 없던 걸 기억하죠 가방 속에 든 문장을 꺼내 듭니다
터치가 느린 바람으로 지나간 어제와
아메리카노 한 잔을 연결합니다

보세요 전화도 없잖아요 그렇다고 그 화가가 다시 돌아올 수도 없어요
잔을 끌어당기면 젖은 문장들이라도 끌려올까요?

*

손 글씨는 늘 말을 따라가지 못해요 오른쪽 팔꿈치로 테이블을 누릅니다
그래요, 난 손버릇이 자꾸 늦죠

테이블엔 솟아오르는 몸짓들이 있어요
뾰족한 문장들은 자꾸 어딜 가려는 걸까요

뒤틀린 몸짓들은 늘 엇박자로 헛갈립니다 모자를 벗고 얼굴을 끕니다만

대합실 풍경

안이 밖을 중얼거린다 아니, 창을 묻는다

*

가방을 든 사내, 버스에서 내린다 외포리행 완행버스

창을 향해 쏘아붙인다 깨진 유리 조각 낱말들 곤두박질 친다
거꾸로 패대기쳐도 깨지지도 않을, 허름한 가방 속의

개떡 같은 세상, 빌어먹을 쑥떡 같은

*

그도 누구에게는 창이었던 때가 있었고
남남으로 허물어진 가슴, 버스 몇쯤 떠나보냈을 터

행렬들, 누구랄 것도 없이 컷 컷

컷, 유리창에 새겨진다

(어쩌지, 오늘은 자꾸 남아도는 사람들만 서성이는데……)

가지런히 버려진 생각들 모서리에 쌓인다 LED 불빛
커튼으로 덮인

아무도 건너오지 않는, 누구도 건너가지 못하는 창 하나
사이에 두고
서로에게 등을 보이는, 기대는 사람들

한 뼘 줄어든 거리보다
뾰족한 묶음 가득 속내들을 쟁이며

*

사내 다시 버스에 오르고, 낡은 풍경들과
또 한통속으로 출발을 하는

화요일의 식탁

   네가 들어오는 꿈에선 진물이 묻어난다 거즈를 갖다 대면 벌건 물이 스며드는

   너는 말라 있다 딱지들 떨어진다 내년엔 너는 조금 더 마를 것이고
     색깔이 지워질 수도 있다

   나는 너를 초대하지 않는다

*

   어쩜, 식탁에 놓아둔 꽃 한 송이 피었다
   식은 보리차라도 따라줄까, 돌아보면

   너는 봉오리 몇 더 피워낼까?
   빨강, 더 짙어질까?

   잎사귀 위로 물방울 흘려 본다 도르르

새 한 마리 날개를 턴다

*

구부정히 걸어가 꽃대를 흔든다
오늘 화요일인가? 뒤쪽을 살피면 네 목덜미엔

여름 가고 봄 가고, 동지가 와도
봉오리만 붉었었는데

물을 주다가……
밥은 먹었니? 생각했을 뿐인데……

흠뻑, 마른 너는 머뭇거린다

*

물을 자주 주면 물맛만 나잖아요?

물맛들, 허공으로 흩어진다

그래, 안의 혼잣말 흩어지는 식탁이 있지

나, 꽃 떨군 지 오래되었어요
가장자리, 파도가 조금씩 모래를 끌어가고

닿지 못할 먼 곳,
끌어당겨 본다

쯧쯧, 식탁의 방식으로만 일어서려는 안쪽, 화요일?

*

체온도 때론 버려지는 것인가, 오늘 아침엔
식탁 아래 부스러기인가

아무도 없다 507호
하얀 침대보와 천장에 떠도는 싸늘한 체온

따뜻한 것들은 다 어디로 사라진 것일까? 화요일인데

*

거리가 비워진다, 쓰레기봉투를 뒤적이는 고양이 울음소리, 날 보채지만

문득 나와 나 사이, 멀고
희미해지고 너는 자꾸

허공으로 풀어지는 목소리의

*

아이야, 화요일인데 잘 가고 있니?

가끔은 그림자라도 찌르고 싶다

저 돌, 끝이 뾰족하다 세모와 동그란 것들의 포옹

누군가를 찌르고 싶다, 뾰족한 몸을 꺼내 돌을 찌르면
물이라도 펑펑 쏟아질까

수평선도 하늘을 찌를 때가 있다?

그래, 나 오늘 출렁인다
바람도 없는데 돌이
꿈틀거린다

구멍이 뚫려 있을까
아니, 옆구리가 남아 있을까
바람, 돌을 빠져나가고

 왼손으로 만지면 딱딱한, 오른손으로 만지면 물이 흐를 것 같은
  그림자 왼쪽으로 기울고

쓸모없는 것들, 빳빳해진다

날카로운 동그라미들 자꾸만 세모를 찌른다
꼬리를 잘라 버릴까?

옆구리 찔리고 싶다 6을 잡고 9라고 우기는
저, 저 꼬리

그런데 왜 이리 배가 아프지?
몸이 바닥까지 끌리고

갈맷길, 용궁사 지나 내가 나를 밟으면
내 그림자 앞서가고

그럴까, 난

뾰족한 나를 따라잡을 수 있을까?

오늘 입맛, 내성적입니다

금요일은 회전초밥의 간격을 유지해야 합니다
색깔의 문제죠

왼쪽은 나비, 오른쪽은 벌이 되기도 하죠
금요일, 내성적입니다 습도의 문제예요

유동카페, 창을 넘나드는 광안리 바람,
광고판 아가씨 모자 속입니다

빗방울에 벚꽃이 섞여 있어요 함께 떠나자던
그는 보이지도 않구요

하얀 잔에 블랙커피를 마십니다
손잡이의 방향이 달라서일까요, 우리?

에곤 실례였죠 발가락을 뜯고 있어요 뼈만 남은
흐드러진 벚꽃이라도 뜯어냅니다

얼굴이 뜯겨져 나갑니다

나는 개방형 창문을 통과 합니다 빛깔의 문제죠
식어가는 커피를 홀짝이다가 절룩거리며 지나갑니다

'오늘도, 당신은 블랙인가요?' 커피잔 바닥이 속을 내비칩니다
내가 텅 빈 바닥까지 내려왔다는 얘기일까요

오늘 갈매기는 날지 않아요 습도의 문제입니다
그래요, 제 입맛은 늘 이래요 왼쪽 어깨를 찾아 헤맵니다

액자 속 서른 즈음

빈 액자 속에 꽉 찬 동그라미 하나 들어 있다 미술관 입구

한 발짝 물러서자 사각형 하나
더 가까이 다가든다 그림 속

모서리와 동그라미 사이, 선 하나 휘어지고
귀퉁이 잘린 수평이 흘러내린다

각이 흘러내린 네모 그림자 막, 모서리를 넘어간다
내가 뒤쪽으로 돌아가던, 서른 또는 서른하나

귀퉁이마다 다가드는 흰 구름과 빈 얼굴 몇

산을 오른다 어떤 모서리에선
닿을 수도 없는 산맥의

언저리
동그라미는 왜 줄기만 하지

간절기엔 못다 한 얘기들 있었지
뒷면으로 흘러나가는

액자가 말을 걸어온다
에델바이스 풍의 눈빛

문득,
동그라미들은 왜 서른 즈음으로 돌아가려는 걸까?

뒤꿈치를 들어봐도 길은 자꾸만 뒤집어지고

나는 나를 불러내어 춤을 춘다 서른 즈음이 꽉 찬
액자 속 늘 비어 있는

가장자리 쪽으로 굴러가는

어떤 선들은 저 혼자 닫힙니다 내재율입니다
거친 언어의 체위들

동사와 형용사 늘어진
기호들을 채워 넣습니다

널브러진 것들이 일어서길 기다려 보지만

가장자리, 무늬가 지워집니다

바람이 저들을 한쪽으로 몰아갑니다
주춤거리는 기호들을 뭉뚱그리며

텅 빈 낱말 온통 비워내는
도형들의 몸짓들

호흡이 출렁거려요
손가락을 펴 보지만

가슴을 쓸어내릴 즈음
체위들 낮은 숨으로 멈추고

한 옥타브 나를 끌어내리면
옆과 옆으로 이어지며 하나가 되는, 비명

탄젠트

흐린 날은 얼굴을 쏟아버리는 거야

슬리퍼를 끌고 아스팔트를 걸어봐
검은 것들 튀어 오르잖아

실선이 휘어지도록 뛰어보는 거야

튕겨 올라야 하는 것들
눌리고 다져지면 끓어 넘치지

방지턱 속에는 볼록한 덜컹,이 숨어 있다는 거
곡선도 단단해질 수 있다는 거

꼭짓점을 뚫어지게 바라보면
바닥 난 얼굴 하나 자꾸만 멀어지고

내각이 하루치씩 한 점으로 몰려가면
높이가 자라잖아

볼록한 평면에 선을 그으면
선분들 단단해질까

삼각함수들 높이가 생겨나고
자 탄젠트, 이제 영어 시간이야

먼 곳에서 첫눈이 온다는,
폴폴 날린다는……

널 날려 보내고
난 단단해져야 하고

김뱅상의 시세계

하얀 도화지 위에 사물 하나

임지훈
(문학평론가)

우리가 시를 읽는 것에는 많은 이유가 있을 것이다. 누군가는 자신의 상처를 치유 받기 위해, 누군가는 언어화할 수 없는 감정 때문에, 혹 누군가는 삶의 의미를 성찰하기 위해 시를 읽을 수도 있겠고, 어떤 이는 시를 통해 우리가 잃어버린 의미의 세계를 되살리고자 시도할 수도 있겠다. 당연한 말이겠으나, 이 무수한 이유들에 우열은 없다. 다만, 각자의 목적에 따른 주관적 취향이 존재할 따름이다.

하지만 어떤 독자들은 오늘 우리가 마주한 김뱅상의 시 앞에서 자신의 기대가 배반당하는 느낌을 받았을지도 모르겠다.

그의 시는 시에 익숙한 독자들에게도 그 특유의 추상적인 묘사로 인해 상당한 이질감을 선사하며, 그 목적 또한 모종의 이유로 추상화되어 좀처럼 표면화되지 않기 때문이다. 보다 구체적으로 이야기하자면, 김뱅상의 시가 상처에 대한 이야기를 할 때에도 그 목적은 치유에 있는 것으로 보이지 않으며, 삶의 의미에 대해 부분적인 진술을 수행하더라도 그것은 보편적인 성찰의 자세와 일정한 거리를 두고 있다. 종종 그의 화자는 자기의 내면을 온전히 언어화할 수 없다는 사실에 대해 답답함을 느끼기도 하지만 그 모습은 서정적 풍경을 통해서가 아니라 존재론적 침묵에 가까운 모습으로 그려진다.

자못 서늘하게 느껴질 수 있는 그의 시적 화자의 태도와 더불어, 무수히 출몰하는 도형과 선들, 그로 인해 새롭게 구획화되는 시적 풍경들과 그 속에서 출현하는 단색들. 여타의 서정시와 궤를 달리하는 그의 작법 속에서, 우리는 그가 주목하는 '시'의 역량이 전통적인 의미와는 다른 지점을 노리고 있음을 느끼게 된다. 보편적으로 쓰인 여타의 서정시가 아름답게 묘사된 객관적 상관물을 통해 자신의 감정을 언어화하는 것에 그 목적이 있다고 한다면, 김뱅상의 시는 분명 '서정시'와는 다른 결의 시를 보여주고 있는 셈인데, 비슷한 의미에서 그의 시는 자신의 감정을 언어화하는 일보다 어떤 형상들의 구도를 보여주는 일에 더욱 주력하고 있는 것처럼 느껴진다. 심지어 그가 '보여주는' 형상들마저도 일반적인 시적 풍경과는 조금

다른 이채로운 것으로 느껴지는데, 이는 그 풍경들이 일반적인 정서적 풍경과는 달리 시인의 의도에 따라 탈색되고 변환된 인공적인 것이기에 더욱 그러하다.

물론 모든 시적 풍경은 시인에 의해 선택적으로 언어화된 것이다. 시의 무대에 올려진 대상들은 모두 시인의 의도에 의한 것으로, 자신의 정서와 불가분한 관계에 놓여 있는 객관적 상관물의 지위를 갖는다. 이 과정에서는 초점화라 부를 수 있을 부각과 생략이 일어나는데, 김뱅상의 시에서는 바로 이 부각과 생략이 더욱 강하게 작동한다는 점이 특징적이다. 이를테면 그 대상들이 자기의 고유한 실체성을 내세우는 것이 아니라 시적 각색을 통해 환원된 모습으로 그 실체가 변환된다고 할 수 있을 것이다. 시인은 자신의 시집 첫 작품에서 말레비치의 회화를 경유하여 그 시작의 과정을 다음과 같이 보여주고 있다.

선들은 어둠 속으로 들어가 도형이 된다 아니 사각의 블랙홀

너와 헤어진 골목,
어둠 한 줌 머리끝까지 끌어당겼지

블랙은 나를 또 다른 벽 속으로 끌고 가고
간절하다는 것, 겨울 화분에 물을 주는 일

겨울은 스며들지도 않아
떡잎이 돋아날 즈음이면 내 튕겨 나간 검정 따위 찾을 수 없을지도 몰라

팔이 없어질까, 몸은 젤리가 되고
어디든 굴러갈 수 있는 도형은 없을지도

녹턴은 틀지 말아줘 뻣뻣해진 내 몸엔 블랙이 필요할 뿐이야
터널 속, 난 언제나 벽에 기대 살거든

오래 햇빛을 보지 못한 도형들도
날아오르면 나비가 될까?

나비가 바닥에 떨어진다
무슨 어둠을 핥으려던 것이었을까, 어둠이 도형 안쪽을 채우는

블랙은 사각으로, 또는
동그랗게

기다리지 않았는데 블랙은 너를 빨아들인다

> 이불을 당기자 더듬거리는 밤의 겹쳐짐에 대해
> ―「검은 사각형」 전문

　말레비치의 1915년작 「검은 사각형」을 인용하여 제목으로 삼은 이 시에서, 시인은 자신의 눈에 비친 세계의 모습을 흡사 말레비치의 회화 속 모습처럼 극도로 축소된 외형으로 변환시키고 있다. 보다 정확하게 말하자면 이 극단적인 축소의 양상이 시의 구조이자 내용이라 할 수 있을 텐데, 화자는 그 풍경을 "블랙홀"에 비유하며 모든 것이 빨려들어가 자기 자신을 잃어버리는 과정처럼 묘사하고 있다. "선들은 어둠 속으로 들어가 도형이 된다 아니 사각의 블랙홀"이라는 첫 연의 표현처럼, 시적 진술이 이어짐에 따라 모든 사물과 현상은 자신의 고유한 실체성을 잃고 일련의 도형들로, 그 색채마저도 검정으로 대표되는 단색들로 환원되는 과정이 그것이다. 특징적인 것은 그 변환의 과정이 외부적 사물들에게만 포함되는 것이 아니라 심지어 이 시를 발화하고 있는 화자 또한 포함된다는 것인데, 특히 "팔이 없어질까, 몸은 젤리가 되고"라는 표현은 발화자로서의 절대적 특권을 가진 화자 자신조차 시적 정황에 휘말린 대상으로 전락한다는 점에서 특징적이다.

　이러한 시적 정황은 멀리서 바라볼 때 흡사 재난 영화나 SF 영화 속 한 장면처럼 느껴진다. 특히나 "블랙홀"이라는 시어의 활용으로 인해 그러한 느낌은 더욱 강해지는데, 그러나 이와 같은 정황은 그러한 영화적 상황과는 거리가 멀다. 그것은 내러티브적인 것이 아니라 예술적 추상화에 가까우며, 6연의 "녹턴은 틀지 말아줘 뻣뻣해진 내 몸엔 블랙이 필요할 뿐이야"라는 화자의 진술에서 알 수 있듯 이 추상화의 과정은 화자의 내면의 욕구와 밀접한 관계에 놓여 있다. 그러한 의미에서 이 시적 각색의 순간은 시인의 의도이자 화자의 정서적 발흥에 따른 것이라 할 수 있을 텐데, 대체로 그러한 전환에 수반되어야 하는 것이 여기에서는 보이지 않는다는 점에서 특수함이 엿보인다. 예컨대, 우리는 언제 모든 것을 지워버리기를 원하는가? 트라우마적인 순간으로부터 벗어나길 원할 때가 아니던가? 그러나 김뱅상의 시에서 트라우마적 순간은 좀처럼 눈에 띄지 않는다. 단지 "오래 햇빛을 보지 못한 도형들도/날아오르면 나비가 될까?"라는 물음만이 눈에 띌 뿐이다. 이는 그의 시가 가진 특징 가운데 하나라고 할 수 있을 텐데, 서사적 내러티브를 통해 특정한 사물의 의미를 구성하고 직조하는 것이 아닌, 선과 도형, 단색의 색채를 통해 마련된 구획 속에서 대상의 의미를 다시금 형성하는 과정이라 할 수 있다.

그런 의미에서 시인이 제시하는 이 특수한 시적 정황은 일종의 실험과도 같다. 대상을 자신이 놓인 사회적 의미망 속에서 탈구시키고, 시인이 축조한 구도와 색채 속으로 옮겨놓음으로써 대상은 과연 어떻게 보여지고 읽히는가에 대한 실험.

다음의 시를 통해 그가 제시하는 실험의 속으로 한 걸음 더 발을 옮겨보자.

블랙커피를 쏟으면 수평선 벌컥, 뒤집어진다

3월 5일, 바다는 그렇게
쏟아졌고

지나가던 바람에 비스듬 몸을 기울여 버린, 창유리마다
제 속을 덜어내던 방 한 칸쯤 있었지

우린 왜 기울어 쏟아진 집으로 들어갔던지

*

왜 우린 다시 바닷가 이 마을로 돌아왔는지……

어두워지면 창 몇몇 환해진다 그 방
바라보지도 못한 채 흘려보낸 저녁 어스름, 우린 서로

가장자리에서 태어나나 봐

움츠린 벽 속에 숨죽이며

난 블랙커피
넌, 새인가 블루베리 스무디를 마시고

내가 웃는다
넌, 운다 창을 막 빠져나온 탓일까 제법 검은 춤을 추며

짭조름할 거야 네게 나는
두어 모금 웃음을 쪼는 걸 보면

*

식어버린, 커피를 마신다 가장자릴 일으켜 세우면
내일이 오락가락 얽히는, 우리 마주
식어가지만

9월 5일, 또 커피를 쏟아버리고 싶어?

식상하잖아, 제발 춤을 멈춰봐

네가 또 운다
부리를 테이블 위에 쏟아부으며

토할 뻔했잖아

입술까지 묻어나온 커피 맛, 이리 쓰다
나는 또 블랙커피를……

―「쏟아버리고 싶은, 오후」 전문

  마치 실험과 그 결과를 기록하듯 일련의 시간적 흐름을 계기 삼아 전개되고 있는 위의 시에서도 앞서「검은 사각형」에서와 유사한 시적 정황이 관찰된다.「쏟아버리고 싶은, 오후」라 이름 붙여진 위의 작품에서도 '블랙'이라는 시어는 다시금 반복적으로 활용되며 시에서 나타나는 일련의 정황들을 검게 덧칠하고 있는 것을 볼 수 있다. 여기에서는 비록 '우리'라는 시어를 통해 일련의 서사를 암시하고는 있으나 그 또한 서사적 내러티브를 통해 설명되지 않으며, 오직 비스듬하고 기울어진, 혹은 명과 암의 대비를 통해 그어지는 선과 같은 요소를 통해 그 관계가 안정적이지 않음을 암시하고 있을 따름이다.
  예컨대 여기에서도 다시 화자가 주력하는 것은 시적 정황의 정서적 구획을 다시금 선 긋는 일이다. 그 선은 현실의 구획과는 다른 것으로 현실의 사물이 쏟아지고 빛과 어둠이 갈라지며, 비스듬히 놓이는 가운데 그어지는 새로운 선이다. 새로운 선 위에서 존재들의 관계는 새롭게 정립되고 그 의미 또한 달라진다. 하지만 중요한 것은 그 변화가 어떤 긍정적 의미를 수반하지는 않는다는 것이다. 시에서 표현된 활용들을 빌리자면, 그것은 식상한 현재를 다시 셈하는 일이지만 어떤 의도적 방향성을 지니지는 않은 것으로써, 식어가는 현재에 대한 대응으로써의 의미만을 지닐 뿐이다.

예컨대 화자가 추구하는 변화의 목적은 '나'라는 개인의 서사를 긍정적인 방향으로 이끌기 위한 것이 아니라는 셈인데, 이와 같은 해석은 다음과 같은 생각으로 우리를 이끈다. 예컨대, 극도로 축소되고 탈색된 시적 정황은 화자가 자기 상황을 더 나은 것으로 개선하기 위한 것이 아니라, 바로 그 자체가 목적이라고 말이다. 예컨대 말레비치의 그림이 이전의 미술적 전통으로부터 벗어나고자 '재현'의 의도에서 벗어나 새로운 프레임 속에서 대상의 의미를 새롭게 산출하고자 시도한 것과 같이, 김뱅상의 시 또한 일련의 서정적 전통으로는 읽힐 수 없는 선과 도형, 색채들의 풍경을 시도하는 것이라고 말이다.

어둠은 늘 사각으로 구획된다

누가 하다만 데생일까, 빨간 크레용 하나 꽂혀 있다

물속에도 길을 낼 수 있다, 교집합들

빛도 없이 꼬리를 흔든다

붉은색이 길 위를 달려간다

*

캔버스엔 까만 점 몇 개 떠 있다

신호등 흩날린다

내가 지나간다 가드레일 위에

접근금지 표지를 붙인, 표지판을 지나

안과 밖, 저 흐물거리는 경계

그리다 만 그림일까 저 불빛, 성가시게 흩어져 있다

여백에 남은 부스러기들

—「교집합」 부분

    그러한 의미에서 위에 단편적으로 인용한 「교집합」이라는 시는 김뱅상의 시적 세계의 구조를 이해하기 위한 일종의 가이드 역할을 수행한다. 앞서 살펴본 두 편의 시가 그러했듯,

김뱅상은 일련의 정서적 구도를 단일한 색채와 단순화된 구도를 통해 구획화하며, 그 위에 꽂힌 "빨간 크레용 하나"와 같이 도드라지는 감각 혹은 사물 하나를 배치한다. 마치 "캔버스엔 까만 점 몇 개 떠 있"는 모습처럼, 단순화된 구도 속에서 도드라지는 대상은 일상적 풍경 혹은 시적 전통으로부터 탈맥락화되며, 오직 김뱅상의 시적 구도를 위한 예술화된 사물로 탈바꿈된다.

그런데 여기에는 또 다른 역설이 숨어 있다. 앞서 설명한 것처럼 구체적 인과를 삭제하고 단순화된 색채와 구도만을 남긴다고 하여도, 그 전환을 실행하는 시적 발화의 주체인 '나'가 남아 있다는 사실이다. 더불어 그러한 '나'는 변화가 가속될수록 더욱 강하게 도드라지는데, 이는 그러한 변화가 화자의 언술을 통해 진행된다는 사실로부터 기인한다. 사정이 그렇다 보니 사물의 관계와 그 고유한 의미가 빠르게 변화하는 가운데에서도 시적 화자의 감각적 진술은 지워질 수 없는 얼룩과 같이, 탈색과 각색 사이에서 더욱 도드라지는 역설이 일어나게 된다.

정리하자면, 김뱅상의 시적 전환의 순간들은 인간적 의미로부터 대상을 탈구시켜 새로운 의미망 속에 위치시킨다. 대상은 인간적 의미가 아닌 자기들만의 새로운 관계 속에서 새로운 의미를 소유하게 되는데, 역설적이게도 이 과정이 시적 화자인 '나'의 언술에 의해 진행되기에 그 모든 새로움 속에서도 최소한의 인간적 요소가 남아 있게 되는 것이다. 이를 정리하면, 시적 구조가 만드는 효과란 모든 인간적 요소를 지우고자 하는 의도 속에서 역설적으로 인간적 요소가 더욱 강하게 부각되는 아이러니라 할 수 있다. 그 가운데 가장 도드라지는 하나의 요소가 있다면, 그것은 화자의 정서이다. 추상화된 사물과 현상 속에서 화자의 정서는 표출될 수 있는 마땅한 상관물을 찾아내지 못하는 것처럼 보이지만, 그렇기에 오히려 그 가운데 뿜어져 나오는 짧은 기척이 전체를 관통하는 강렬한 느낌으로 자리 잡게 되는 것이다. 마치 백색의 캔버스 위에 홀로 놓인 빨간 색 크레용이 더욱 부각되는 일처럼 말이다.

빈 박스에 나를 담는다
해가 진다

LED 불빛 빗금으로 흘러내리고

수건을 머리에 두른 바람
'잠깐 멈춰 보세요'
불빛이 등을 스쳐 지나간다

멈출 수 있을까?
나를 들고 서 있는 나는

돌아보아도 내가, 없다
잠깐 사이 어디로 갔을까

빈 수레에 빈 박스를 올린다
무대를 빠져나가는 뒷모습

무대에 던져진 나,
일으켜 세우는 어둠이 있다

─「무대에 오르다」 전문

　「무대에 오르다」를 비롯해 이 시집의 후반부에 배치된 작품들은 바로 이러한 시적 구도를 통해 살펴볼 필요가 있다. 깨끗하게 비워진 캔버스 위에 놓인 사물 하나가 가지는 영향력과 같이, 위의 시에서도 대상은 '텅 비어 있음'이 강조되는 시어들 가운데 홀로 붉은 불빛을 받으며 놓여 있다. 앞서의 시편들에서와 같이 어떠한 맥락도 쉽사리 감지할 수 없는 구도 속에서 사물의 의미를 새롭게 갱신하는 과정이라 할 수 있을 텐데, 특징적인 것은 바로 그 사물이 '나'라는 대상이라는 사실이다. 여기에서 나타나는 '나'는 세계의 의미를 확정하고 정서를 불어넣는 세계의 주인으로서의 서정적 자아와는 다르다. 그것은 박스에 담길 수도 있고, 빈 수레에 넣어져 무대에서 퇴장당할 수도 있는 철저하게 대상화된 존재이다.

'무대'라는 표현으로 인해 연극적으로 읽힐 수 있는 이 시에서, '나'가 그 절대적 지위를 잃는 과정은 마치 이 세계에서 '나'라는 존재를 지워내고픈 욕망으로 느껴지는 동시에 그럼에도 '나'라는 존재가 영원히 지워질 수 없는 얼룩으로써 '나'의 세계 안에 남겨질 수밖에 없는 부조리함을 연상시킨다. 앞서 「검은 사각형」에 대해 설명하며, 시인의 방법론이 가닿는 대상은 외부적 사물에 그치지 않고 심지어는 화자에게까지 닿고 있다고 말한 바 있다. 「무대에 오르다」는 그 닿음이 가장 극적으로 나타나는 작품이라 할 수 있을 것이다. 그렇다면 왜 화자는 '나'라는 존재조차 그 무대 위에서 지워내기를 희망하는 것일까. 이것은 자기 갱신이라는 오래된 서정적 주제의 새로운 변주인 것일까?

답은 '그렇지 않다'이다. '나'를 지우는 일은 김뱅상이라는 시인이 지향하는 시적 방법론의 궁극적 지향일 뿐이기 때문이다. 왜 그럴까? 그것은 일신된 세계 속에서 '나'라는 사물은 그 세계가 지워내야 할 마지막 구세계의 흔적이기 때문이다. 하지만 이는 그 변화의 주체 또한 '나'라는 사실로 인해 완결에 이를 수 없다는 비극적 결말을 시사한다.

바지랑대에 달랑거리던 햇살 흘러내린다

옥상 난간 벽에 그림자 한 폭 자라다 흔들린다 데생 작업 중인가?

누가 그리는 묵화일까? 바지랑대, 그림 속으로 고개를 내밀자

화폭엔 비스듬, 웬 不 자?

그림자, 마지막 획하나 여태 찍지 못하고
저 자리, 새 한 마리 앉으려나?

그림 속에서 빠져나오지 못하는 바지랑대, 짧은 그림자를 낙관인 양 뭉개는데

그 새, 한 발 만으로도 이 계절 견딜 수 있다는 걸까?

세상엔 마음대로 되는 게, 있다
새 한 마리 앉았다 간 그림 속 자꾸만 자라나고

새 한 마리 또, 날아와 점을 찍고 간다
흔들리다 사라지는 획, 不
누군가 자꾸만 쓰다가 지우는

그림자 한 계단 내려서고 나, 그림 속으로 흘러내려
아니다 아니다, 자꾸 날 지워가는
　　　―「3시 17분, 바지랑대 끝의」 전문

앞서의 시들이 그러했듯 위의 시에서도 화자는 자신이 목격한 세계의 모습을 회화와 같은 구도로 재생성하며, 그 위에 놓인 대상 하나를 오래도록 바라보고 있다. 여기에서 그 대상은 자신의 머리 위를 스쳐 지나듯 날아간 새의 그림자다. 벽에 비친 새의 그림자는 화폭 위에 비스듬히 그어진 선 같기도 하고, "不"과 같은 문자를 연상시키기도 한다. 모든 것이 흘러내리는 오후의 햇살 속에서, 화자는 그 그림자를 오래도록 바라보며 그것이 완성되는 순간을 기다린다. 하지만 새의 그림자는 찰나에 불과할 따름이기에 풍경은 완성되지 못한 채 "자꾸만 쓰다가 지우는" 일이 반복된다. 오직 화자의 상념만이 찰나의 화폭 앞에 끝없이 지속되며 자꾸만 자라나고 있을 뿐이다.

그런데 이 상념과 묵시의 종지부를 찍는 것은 아이러니하게도 어떤 실제적 완성을 통해서가 아니다. 그것은 실제 시의 마지막 구절이기도 한 '나를 지우는' 행위를 통해서이다. 앞서 제기된 시적 상황이 일련의 내러티브를 통해 종결되는 것이 아니라 그것을 바라보고 의미화하는 '나'라는 존재의 자리를 지워냄으로써 현상과 세계는 그 자체의 의미로 완성되는 것이다. 예컨대, 그것을 부족이라 느끼는 것은 '나'의 문제일 뿐이기에 '나'가 사라지는 순간 세계는 그 자체로 완전한 것이 되어 버리는 선문답과 같은 상황이 펼쳐지는 것이다.

   그러한 의미에서 이 시는 약간의 오독을 덧붙이자면 다음과 같은 질문을 우리에게 던지고 있는 것처럼 보인다. 우리가 일상의 풍경 속에서 느끼는 감각과 감정, 혹은 위의 시 속에서 제기되는 '미완'의 문제란 과연 세계 자체의 문제인 것일까? 어쩌면 그것이 미완이라 인식되는 것은 그것을 바라보는 인식의 주체로서의 '나'의 문제에 불과한 것은 아닌가? 예컨대 처음부터 그 풍경은 완성도 미완성도 아닌 자기만의 고유한 맥락 속에서 자기만의 형상으로 존재해 왔던 것은 아닐까? 나는 이것이 김뱅상의 시가 궁극적으로 제기하는 고유의 존재론이 아닐까 생각한다. 예컨대 대상에 대해 우리가 '느끼는' 의미와 감각이란 그 자체에 내재된 것이 아닌 '익숙한' 지식의 체계로부터 생산되는 일종의 환영에 불과하다는 것이다.

   그러한 새로운 인식을 위한 궁극적인 제스처가 바로 '나를 지우는 일'인 셈인데, 여기에는 앞서 언급한 하나의 난점이 여전히 존재하고 있다. 이것이 시를 위한 일련의 제스처라는 점에서 시적 발화의 자리는 끝내 지워질 수 없으며, 이는 궁극적으로 화자로서의 '나'를 완전히 지워낸다는 것은 불가능하다는 사실이다. 즉 모든 것을 일소시키려는 시적 제스처가 반복될수록 그러한 제스처의 수행자로서의 '나'는 영원히 지워낼 수 없는 얼룩으로써 세계 내에 남아 있다. 탈맥락의 제스처를 통해 세계에 덧씌워진 인간적 흔적을 지워내면 지워낼수록, 그 지워낸 흔적이 여전히 '나'로써 남아 있는 것이다.

그러한 의미에서 이 예술적 운동은 결코 완성될 수 없는 비극적인 운명을 타고난 것이라 할 수 있다. 하지만 이 결론 앞에 우리가 느껴야 하는 것은 허무나 한계와 같은 것이 아닐 것이다. 오히려 여기에서도 더욱 도드라지는 것은 그러한 운명을 극한까지 밀고 나가려는 시인의 의지일 테니 말이다. 초극이 불가능한 예술적 테제를 그럼에도 불구하고 수행하는 그 과정은 비록 반복적이라 할지라도 그 운동의 여파 속에서 무수한 예술 작품을 생산할 것이고, 그 무한한 점근법적 운동 속에서 우리는 새로운 인식을 통해 세계를 새롭게 만날 수 있는 계기를 만나게 되는 것이다. 그렇다면 이 운동은 완결을 통해서가 아닌 운동을 통해서, 영원히 지속되는 바로 그 운동성을 통해 자체의 의미를 획득하고 있는 것이라 할 수 있지 않을까.

그렇기에 나는 이 시적 운동이 허무주의적 결말로 읽히지 않기를 원한다. 오히려 그 점근법적 운동 속에서 그의 시 창작의 세계가 무한히 이어지리라는 예견으로 읽혀지기를 원한다. 그리고 한 가지 더 덧붙이자면, 이 세계 속에서 인간의 정서는 단지 지워내야만 하는 얼룩으로만 읽히지 않을 것이다. 온전히 지워낼 수 없기에 그의 시적 화자가 느끼는 인간적 정서와 감각들은 마치 흐릿한 얼룩과도 같은 형태로 그 존재감을 더욱 강하게 발현하고 있기 때문이다. 새롭게 구획화된 구도와 색채 속에서 더욱 강한 빛을 발하고야 마는 존재의 고독. 때로는 쏟아지고 기울어지며 새롭게 그어진 선에 따라 직조되는 이 슬픔의 문제 또한 독자들이 오래도록 고민하며 곱씹어보아야 할 요소일 것이다. 일련의 탈맥락화라 부를 수 있는 그 시적 과정에서 우리가 궁극적으로 만나게 되는 것이 너무나 인간적인 요소라는 사실과 함께 말이다.

| 김뱅상 |

경북 안동 출생. 2017년 『사이펀』으로 등단하였으며, 시집으로 『누군가 먹고 싶은 오후』 『어느 세계에 당도할 뭇별』이 있다. 2019년 문학나눔 우수도서에 선정되었다.

이메일 : sukhee1796@hanmail.net

현대시 기획선 136
냉장고에서 비키니를 꺼냈다

초판 인쇄 · 2025년 10월 20일
초판 발행 · 2025년 10월 25일
지은이 · 김뱅상
펴낸이 · 이선희
펴낸곳 · 한국문연
서울 서대문구 증가로29길 12-27, 101호
출판등록 1988년 3월 3일 제3-188호
편집실 | 서울 서대문구 증가로31길 39, 202호
대표전화 302-2717 | 팩스 · 6442-6053
디지털 현대시 www.koreapoem.co.kr
이메일 koreapoem@hanmail.net

ⓒ 김뱅상 2025
ISBN 978-89-6104-399-1 03810

값 13,000원

* 이 시집은 울산광역시, 울산문화관광재단 '2025년 예술창작활동 지원사업'의 지원을 받아 발간되었습니다.

＊ 잘못된 책은 바꾸어 드립니다.

벼운 레드 와인과 샤르도네로 만든 미네랄 가득한 화이트 와인 두 가지 모두 생산한다. 둘 중 화이트 와인 생산량이 훨씬 많다. 해발고도가 높기 때문에 포도가 잘 익는 것이 어려워서 빌라주 AOC만 있고, 프리미에 크뤼 포도원은 없다.

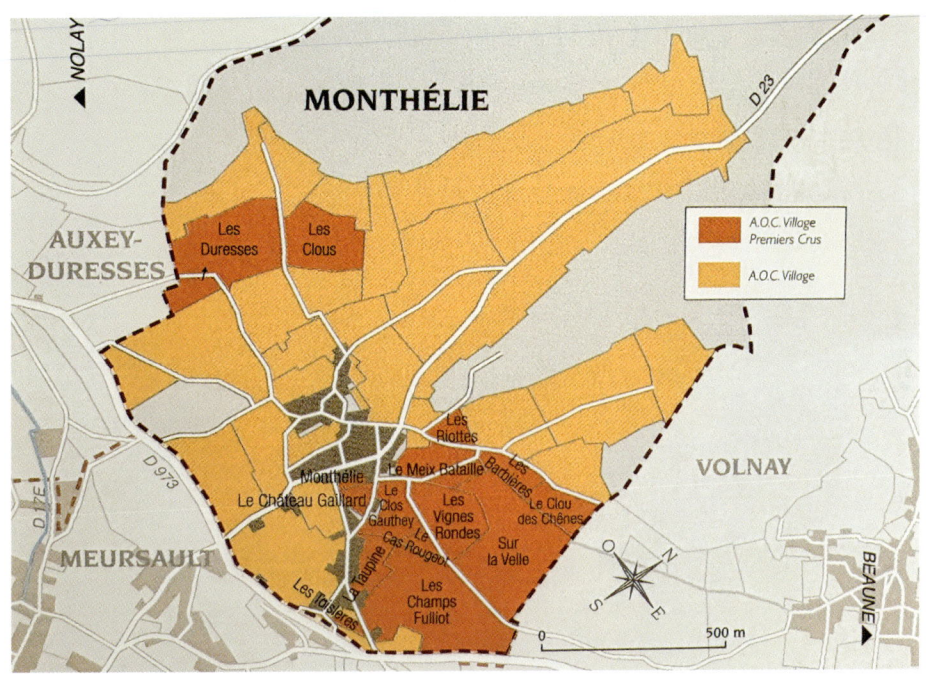

몽뗄리는 오세-뒤레스, 뫼르소, 볼네 마을과 이웃한 작은 마을이다. 이곳의 경제는 대부분 포도 재배와 와인 생산에 의존하고 있다. 1937년 이래로 몽뗄리 자체 아뻴라시옹을 갖고 있고, 주로 피노 누아 품종으로 만든 레드 와인을 생산하며, 소량이기는 하지만 샤르도네 품종의 화이트 와인도 생산한다. 특히, 최근에는 남쪽 끝에 이웃한 뫼르소와 경계를 이루는 곳에서 샤르도네 생산이 증가하는 추세이다.

전형적인 몽뗄리 와인의 특징은 동쪽 볼네 지역의 와인의 특징과 유사하지만, 몽뗄리 와인보다 볼네 와인이 좀 더 다양하고 우아한 풍미를 갖추고 있다는 평가를 받는다. 반면, 오세-뒤레스 와인보다 더 우수하다는 평가를 받기도 한다.

15개의 프리미에 크뤼 끌리마가 존재하며, 이들은 몽뗄리 마을 동쪽의 남향 경사면에 집중 분포해 있다. 이 지역은 전형적인 석회질 토양으로 구성된 경사면으로, 석회질 함량이 높은 덕분에 미네랄도 풍부하고, 토양 배수가 잘된다. 또한 포도밭이 남향 또는 남동향이라 상대적으로 서늘한 부르고뉴 기후 안에서도 포도알이 잘 익는 편이다.

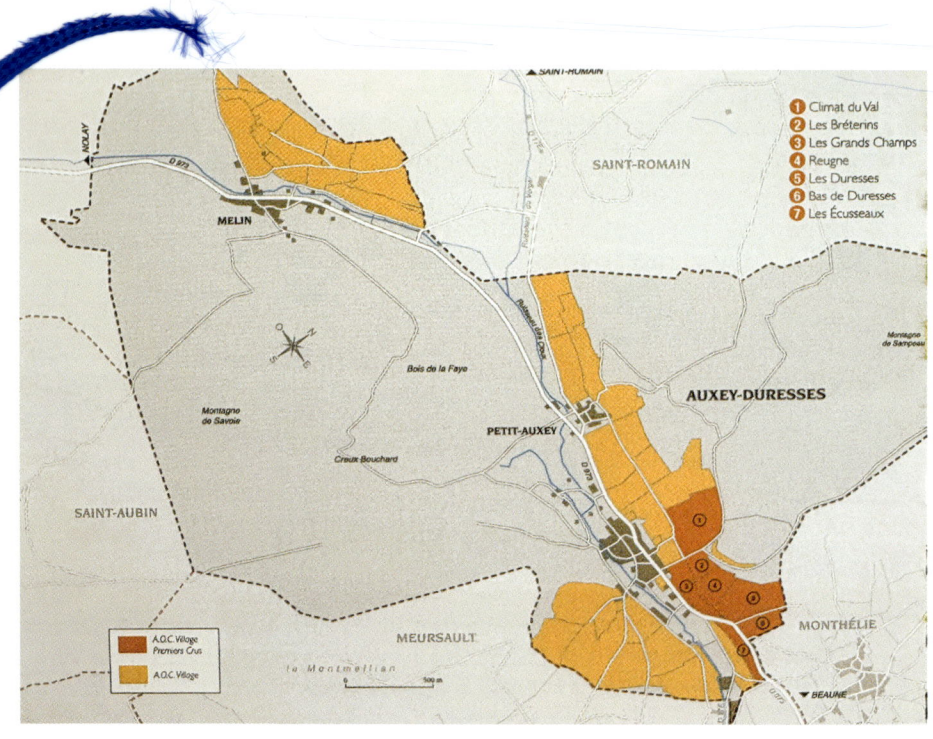

오세-뒤레스는 꼬뜨 드 본 중남부에서 주로 피노 누아 품종으로 만든 레드 와인을 생산하고, 소량이지만 샤르도네로 만든 화이트 와인도 생산한다. 또한 1937년 이래 자체 아뻴라시옹을 갖고 있다. 꼬뜨 도르 경사면 언덕에 위치한 포도밭은 남향, 남동향으로 펼쳐져 있고, 토양에 석회질 비중이 커서 우수한 품질의 와인을 만드는 데 도움이 된다. 뿐만 아니라, 대륙성 기후의 영향을 받

아 건조하고 따뜻한 여름과 춥고 긴 겨울을 특징으로 한다. 비록 그랑 크뤼는 없지만 9개의 프리미에 크뤼가 존재하고, 뫼르소와 볼네 마을의 와인보다 살짝 저평가되어 있던 것이 사실이지만 최근에는 부르고뉴 와인에 대한 관심이 커지면서 이곳에 대한 관심 또한 조금씩 늘어나고 있다.

9.
뫼르소 Meursault

뫼르소

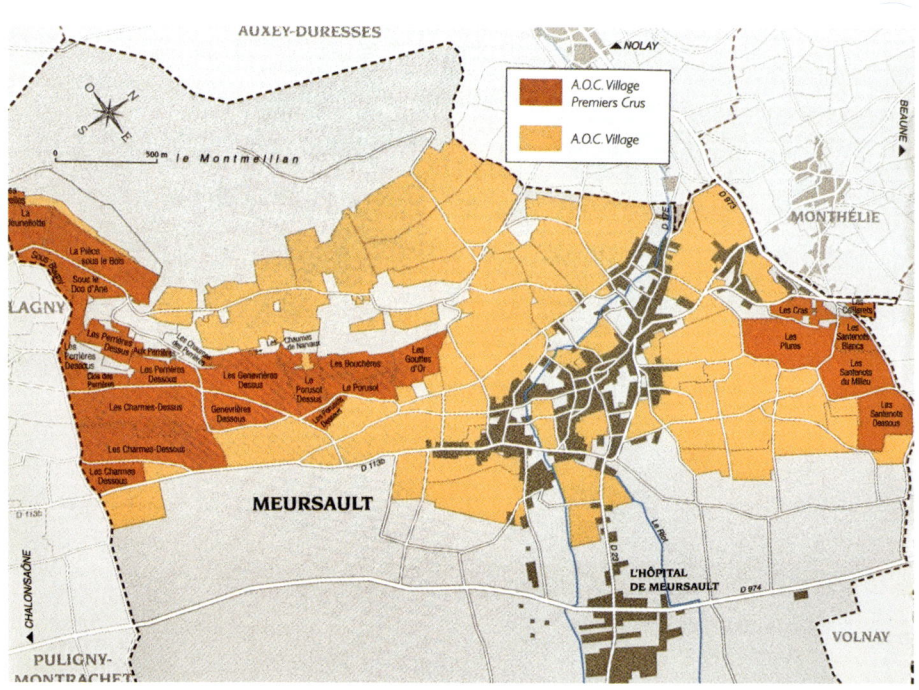

꼬뜨 도르에서 가장 우수한 화이트 와인을 생산하는 마을 중 하나이다. 거의 대부분의 포도밭에서 샤르도네 품종으로 만든 화이트 와인을 생산한다. 꼬르통-샤를마뉴를 제외하고 꼬뜨 도르에서 가장 높은 평가를 받고 있지만 그랑 크뤼

는 하나도 없다. 대신, 레 뻬리에르Les Perrières와 레 제네브리에르Les Genevrières, 레 샤름Les Charmes 등의 뛰어난 프리미에 크뤼가 존재한다. 이들 지역은 뿔리니-몽라셰의 프리미에 크뤼 포도밭과 인접해 있고, 석회질 토양의 남향 또는 남동향 경사면에 위치하고 있어서 포도 성장기 내내 일조량이 충분하다. 특히, 레 뻬리에르는 과거 인근에 존재하던 채석장 명칭에서 따왔으며 조각조각 나뉘어 있는 포도밭을 합친 면적이 14헥타르에 이르고, 앞서 언급한 다른 두 곳보다 우아하고 깊이감 있는 최고 수준의 와인을 생산하는 것으로 알려져 있다.

뫼르소 와인은 축복받은 떼루아 덕분에 대체로 수준이 높고 기복이 없다. 따라서 프리미에 크뤼 외에도 고품질의 와인으로 평가받는 다수의 리외디 포도밭이 존재한다. 다시 말해, 비록 프리미에 크뤼가 아니라 하더라도 워낙 품질이 좋고, 각자 독특한 개성이 있기 때문에 대부분의 마을 단위 생산자가 자신들의 포도원 이름을 레이블에 표기한다. 버터, 아몬드, 구운 헤이즐넛 풍미 외에도 섬세한 시트러스 과일 향, 미네랄이 더해져 풍부하고 화려한 화이트 와인이라는 평가를 받으며, 다른 마을보다 오랜 시간 오크통에 숙성하기 때문에 복합적인 풍미를 자랑하고, 숙성 잠재력도 뛰어나다.

한편, 뫼르소 지역에서 레드 와인을 만든다면 지역명인 '뫼르소'를 쓰지 않고, 대신 '상트노Santenots'와 '블라니Blagny' AOC로 판매한다.

10.
블라니 Blagny

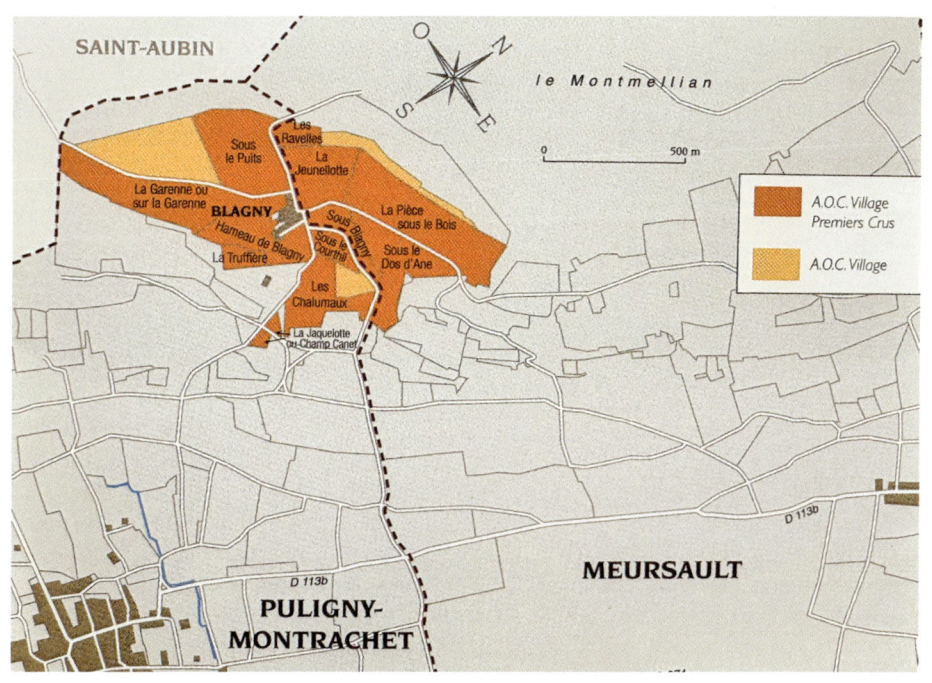

블라니는 쀨리니-몽라셰와 뫼르소 사이, 꼬뜨 도르 경사면에 위치한 아주 작은 마을이다. 원래 이 일대는 화이트 와인 생산이 주를 이루었으나 블라니 AOC는 레드 와인만을 위해 존재한다. 블라니 프리미에 크뤼 와인은 7개의 포도밭에서 재배한 피노 누아로 만든 레드 와인을 말하며, 워낙 작은 구획이라 대량 생산도 어려울뿐더러 널리 알려지지도 않았다. 이곳의 레드 와인은 주변 다른 마을에 비해 가볍다는 평가를 받고 있다.

 한편, 레드 와인을 위한 별도의 아뻴라시옹이 존재함에도 불구하고, 이웃하고 있는 뫼르소 지역의 명성 덕분에 화이트 품종 재배도 활발히 이루어진다. 그리고 이렇게 만든 화이트 와인은 뫼르소-블라니 또는 뫼르소로 라벨에 표기해 출시된다.

11.
쌩-토뱅 Saint-Aubin

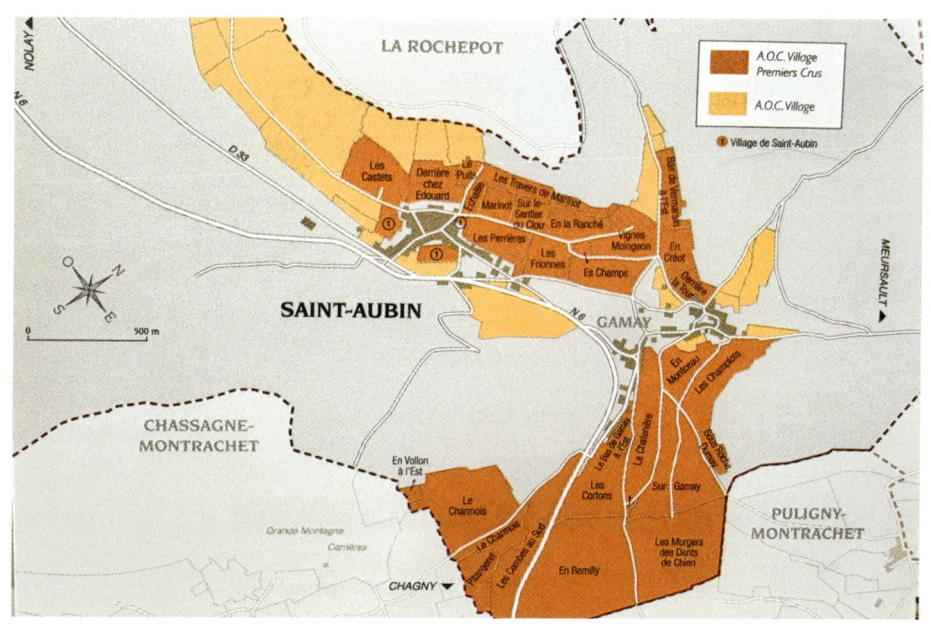

뻴리니와 샤사뉴의 서쪽에 위치한 쌩-토뱅은 꼬뜨 드 본 중남부 지역의 마을로, 꼬뜨 도르 경사면 언덕에 자리하고 있다. 피노 누아와 샤르도네로 각각 만든 레드와 화이트 와인이 모두 알려져 있다. 특히, 포도밭 품질에 있어서 부르고뉴 내에서도 가장 뛰어난 마을 중 하나이고, 가격 대비 우수한 품질로 유명하다.

사실 수십 년 전까지만 해도 쌩-토뱅은 다소 투박한 스타일의 레드 와인 생산이 대세였다. 그러나 점차 꼬뜨 드 본의 화이트 수요가 늘어나고, 곁에서 쀨리니-몽라셰, 샤사뉴-몽라셰의 성공을 지켜보면서 다수의 포도 재배자와 양조자들이 너도나도 샤르도네를 심기 시작했고, 최근에는 전체 면적의 약 3분의 2에서 샤르도네를 재배한다.

1937년 쌩-토뱅 아뺄라시옹이 도입되었고, 1977년에는 30개의 끌리마가 프리미에 크뤼로 분류되었다. 현재 쌩-토뱅에서 생산된 와인의 약 4분의 3이 프리미에 크뤼에 속하는데, 프리미에 크뤼의 비중이 이만큼 높은 것은 모두 떼루아 덕분이다. 토양과 지층의 특징이 샤르도네, 피노 누아 재배에 모두 적합한 덕분에 고품질의 화이트 와인과 레드 와인 생산 모두 가능한 것이다.

참고로 쌩-토뱅 남서부에서 남동부에 이르기까지 언덕이 마치 활 모양을 하고 있는데, 중간에 '가메'라는 작은 마을 때문에 잠시 끊기는 모양새이다. 이 마을의 이름을 따서 가메 품종을 명명하기도 했으며, 사실상 최상급 포도밭이 이 가메 마을 인근에 위치한다. 가메 마을 바로 동쪽 포도밭은 특히, 몽라셰 그랑 크뤼를 생산하는 언덕 부근인 만큼 샤르도네 재배에 매우 적합하다. 그리고 몽라셰 그랑 크뤼 지역에서 그리 멀지 않은, 해발 350미터쯤 되는 언덕에 2개의 프리미에 크뤼, 앙 레미유En Remilly와 레 뮈르제 데 당 드 시엥Les Murgers des Dents de Chien이 나란히 자리하고 있다. 여기서도 마찬가지로 매우 우수한 품질의 와인이 생산된다.

12.
뻴리니 몽라셰 *Puligny-Montrachet*

뻴리니
몽라셰

꼬뜨 드 본의 꼬르통 언덕부터 뫼르소 골짜기에 이르는 지대는 중기 쥐라기에 형성된 딱딱한 석회암이 주를 이룬다. 이곳에서 몽라셰 중앙 부분을 관통하는 단층선을 발견할 수 있는데, 여기서부터 실질적인 화이트 와인 지구, 다시 말해 '꼬뜨 데 블랑Côte des Blancs'이 시작된다. 꼬뜨 데 블랑은 뫼르소, 뻴리니-몽라셰, 샤사뉴-몽라셰 일부 지역까지 포함한다. 앞서 샤르도네 품종으로 뛰어난 화이트 와인을 만들기 위한 이상적인 지형 조건을 언급한 바 있는데, 이곳도 꼬르통-샤를마뉴와 마찬가지로 축복받은 떼루아 덕분에 품질 좋은 화이트 와인이 생산된다.

한편, 꼬뜨 데 블랑의 남쪽 지역은 피노 누아 품종을 재배하는 데 유리한 환경이다. 이곳에서 생산된 레드 와인은 꼬뜨 드 뉘의 레드 와인에 견줄 만큼 진하면서도 복합적인 향을 특징으로 하고, 오랜 기간 숙성이 가능하다.

뻴리니 몽라셰 Puligny-Montrachet 마을

뻴리니 몽라셰 마을에서 생산된 화이트 와인은 부르고뉴에서 생산되는 모든 화이트 와인 가운데서도 단연 인기가 높다. 동쪽을 바라보는 경사면에 포도밭

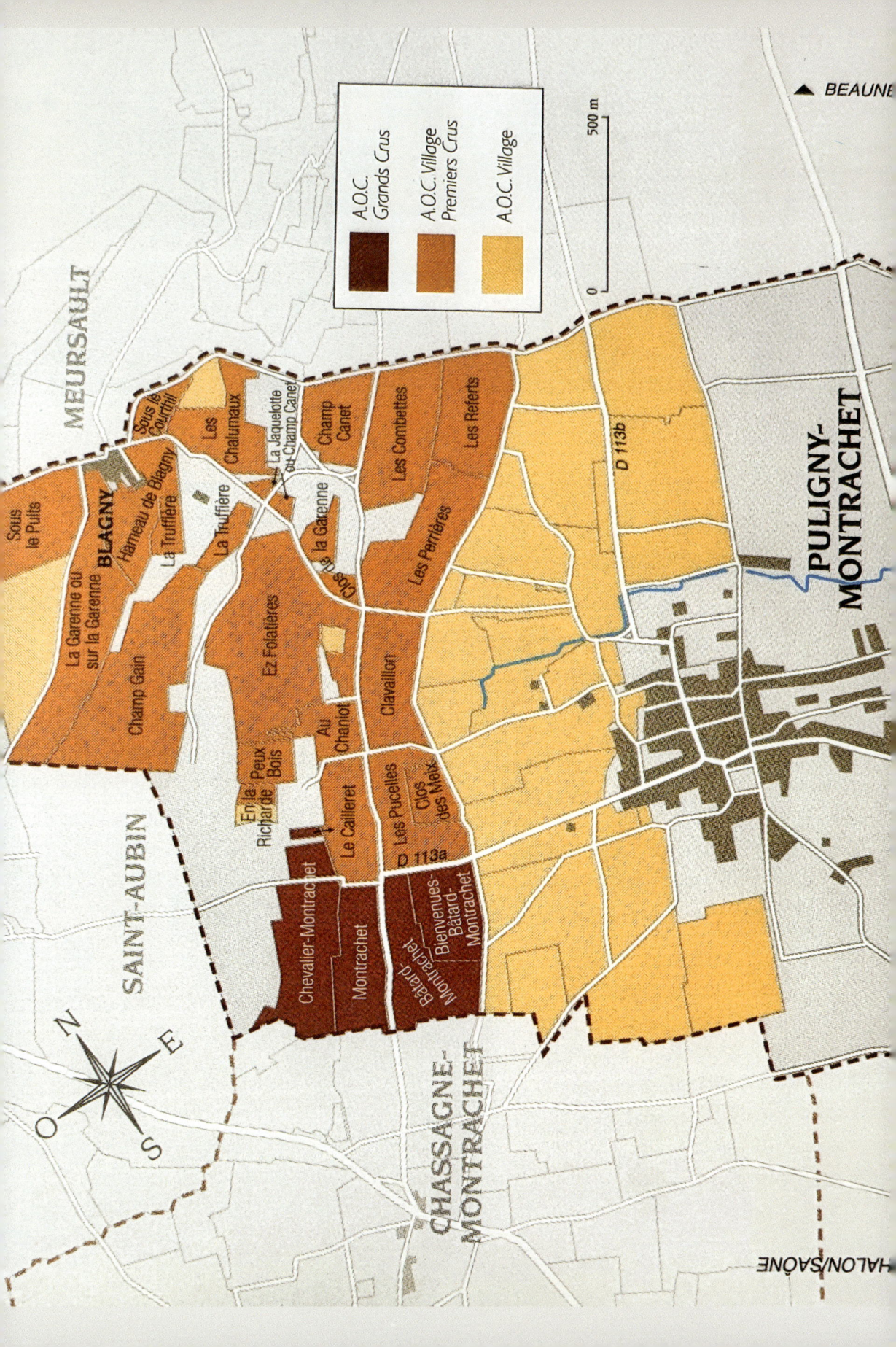

이 자리한 덕분에 늦은 저녁까지 햇볕이 들어 일조량이 충분하고, 진흙 섞인 석회질 토양은 샤르도네를 재배하는 데 안성맞춤이다. 다시 말해, 뛰어난 그랑 크뤼 화이트 와인이 생산될 수 있는 천혜의 조건을 갖추었다.

사실, 이 근방은 부르고뉴에서 가장 먼저 포도나무를 재배한 곳 중 하나였으나 최고의 떼루아로서 가치를 인정받은 역사는 그리 길지 않다. 하지만 이제는 샤르도네 품종이 구현할 수 있는 최고 수준에 도달했다는 평가를 받으며, 가장 뛰어난 품질의 화이트 와인을 생산하고 있다. 질감 또한 매우 우수해서 뫼르소나 샤사뉴-몽라셰 와인보다도 뛰어나다고 보는 의견도 있다.

한편, 마을 남쪽에 접해있는 샤사뉴-몽라셰 마을과는 2개의 그랑 크뤼 끌리마를 공유한다. 하나는 바따르-몽라셰Bâtard-Montrachet, 다른 하나는 몽라셰 Montrachet 또는 르 몽라셰Le Montrachet이다. 후자의 경우, 뿔리니 마을 경계 안에 포함되는 구역은 몽라셰, 샤사뉴 마을 경계 안에 포함되는 구역은 르 몽라셰로 불린다. 즉, 지도상으로 보면 붙어있지만, 두 마을의 경계를 기준으로 각기 다르게 부른다.

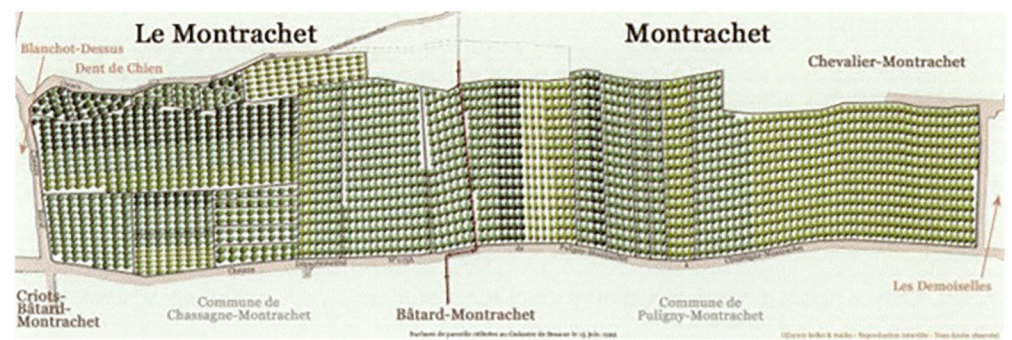

▲ 몽라셰 포도밭 지도: (좌)샤사뉴 몽라셰 vs. (우)쀨리니 몽라셰

와인 특징

쀨리니 와인의 경우, 세련되면서도 적당히 절제미가 있고, 유연한 듯하며 조화로움이 느껴진다. 샤르도네 품종으로 만든 이곳의 화이트 와인은 숙성 초기에는 날카로우며 직설적인 뉘앙스를 풍긴다. 과일 향과 흰 꽃 향이 지배적인데, 시간이 흐르면서 귀족적인 우아한 느낌과 더불어, 아몬드나 헤이즐넛 같은 견과류, 흰 꽃, 구운 빵, 과일 향 등이 복합적으로 나타난다. 그랑 크뤼의 경우, 10년 정도 숙성을 거치면 진한 황금빛을 띠고, 적절한 산도에 더해 송로버섯 향마저 느껴지며, 진한 농도 및 유질감을 모두 갖춘 완벽한 밸런스를 자랑한다.

쀨리니 몽라셰 PULIGNY-MONTRACHET **마을의 4개 그랑 크뤼**
- **슈발리에 몽라셰** Chevalier-Montrachet: 7.48헥타르
- **몽라셰** Montrachet: 9.59헥타르
- **바따르 몽라셰** Bâtard-Montrachet: 10.27헥타르
- **비엥브뉘 바따르 몽라셰** Bienvenues-Bâtard-Montrachet: 3.43헥타르

* 각 그랑 크뤼의 면적은 2025년 3월 현재, 부르고뉴 협회 사이트에 정리된 자료를 참고하였다. 참고로 2025년 5월, 부르고뉴를 직접 방문해서 찍은 사진에 따르면, 협회 사이트에 언급된 면적과 포도밭 표지판에 적혀있는 면적 사이에 약간의 차이가 있다. 사진 속 표지판에는 슈발리에 몽라셰 7.36헥타르, 몽라셰 7.99헥타르, 바따르 몽라셰 11.86헥타르, 비엥브뉘 바따르 몽라셰 3.68헥타르라고 적혀있다.

** 쀨리니 몽라셰의 4개의 그랑 크뤼 가운데 두 곳(몽라셰, 바따르 몽라셰)은 쀨리니 몽라셰와 샤사뉴 몽라셰 두 마을에 걸쳐있는데, 이 챕터에서 한꺼번에 살펴보겠다. 따라서 '샤사뉴 몽라셰' 장에서는 '크뤼오 바따르 몽라셰' 그랑 크뤼만 설명하기로 한다.

슈발리에 몽라셰 Chevalier-Montrachet : 7.48헥타르

슈발리에 몽라셰 포도밭 구역은 고대 갈리아–로마 시절부터 이미 좋은 품질의 포도를 재배하는 곳으로 명성이 높았다. 그러나 19세기 말 유럽 전역에 확산된 필록세라 때문에 포도밭이 황폐해졌고, 이후 일부 지역에서만 포도나무를 다시 심었다고 한다. 슈발리에 몽라셰는 바로 이 구역 중앙부에 위치하고 있다. 이곳에서 생산된 와인은 화이트 와인 그랑 크뤼 가운데에서도 세련되고 기품이 느껴지는 샤르도네 와인의 전형을 보여준다.

떼루아—산지

슈발리에 몽라셰는 위치와 기후 조건이 뛰어나고, 우수한 토질을 보유하고 있다. 포도밭 구역은 해발 265~300미터에 이르는 몽라셰 위쪽 경사면에 자리한다. 이곳은 지형적으로 석회질 토양이 많아서 세련된 풍미를 지닌 샤르도네 포도 재배에 적합하다. 그리고 수분이 적은 건조한 지역이라 곰팡이나 병균이 잘 생기지 않고, 자갈이 많은 것도 이곳의 장점이다. 낮 시간에 흡수한 태양열이 밤에도 어느 정도 유지되는 덕분에 포도가 잘 익는 데 도움이 된다. 게다가 재배 과정에서 포도 생산량을 제한하는 등 뛰어난 품질의 와인을 만들기 위해 다양한 노력을 기울이고 있다.

포도밭은 4개의 계단식 지형으로 구성되며, 그중 하나가 면적이 크고, 나머지 셋은 북쪽 끝에 자그맣게 붙어있다. 이들 토양은 각기 다른 특징을 띤다. 우선 포도밭 맨 윗부분은 척박하고 땅 표면이 드러난 분지 바깥 부분으로, 연한 색의 이회토가 지배적이다. 여기서는 홍합 껍데기의 화석이 많이 발견되는데, 이 지역 주민들은 화석의 모양이 심장을 닮았다고 하여 '골족의 심장'이라 부르기도 한다. 반면, 아랫부분은 상대적으로 토양층이 두꺼운 편이다. 이곳은 동남쪽을 바라보고 있어서 일조량도 풍부하고 배수도 원활해서 포도 재배가 활발하게 이루어진다.

와인 특징

슈발리에 몽라셰 와인은 순수한 느낌을 주는 동시에 진한 풍미를 갖춘 세련된 화이트 와인이다. 훌륭한 빈티지의 슈발리에 와인은 쀌리니 와인 특유의 힘과 우아함을 겸비하고 있으며, 미네랄과 과일 향 또한 풍부하게 살아있다. 몽라셰 와인보다 진한 맛은 좀 덜하지만 건강하고 활기찬 뉘앙스를 풍기며, 동시에 와인의 품격마저 느껴진다. 마시는 순간 매우 섬세하고 우아한 느낌을 경험할 수 있고, 과일, 꽃, 고사리의 아로마가 복합적으로 전해진다. 시간을 두고 충분히 숙성을 거치면 크리미한 느낌의 풀바디 와인으로 바뀌면서 꿀 향마저 느낄 수 있다. 게다가 특유의 견과류 풍미와 미네랄이 더해져 최고의 향과 맛을 뿜낸다.

몽라셰 Montrachet : 9.59헥타르

몽라셰는 세계 최고 수준의 샤르도네 포도로 만드는 고급 화이트 와인 산지로 인정받고 있다. 산봉우리를 의미하는 몽mont과 벌거벗다는 뜻의 라셰rachet라는 단어가 합쳐서 만들어진 지명이다. 고대 로마 시절에는 아직 개발되지 않은 산지를 뜻하는 몽 라시센시스Mons Rachicensis라고 불렸고, 8세기 무렵 베네딕토회 수녀원이 이곳에 자리 잡으면서 포도 재배가 시작되었다.

그러던 중 12세기경, 본에 가까이 위치한 마지예르 수도원의 한 종파가 몽라셰 일대에서 가장 품질이 뛰어난 와인을 생산하면서부터 이곳의 명성이 널리 퍼지게 되었다. 그리고 18세기에는 부르고뉴 와인 양조전문가였던 아르누 수도원장이 여기서 생산한 와인을 프랑스에서 가장 섬세하고 놀라운 와인이라고 평가하기도 했다. 참고로, 와인 애호가로 유명한 미 대통령 토마스 제퍼슨도 몽라셰 와인을 최고의 부르고뉴 그랑 크뤼 와인 가운데 하나로 꼽았다고 전해진다.

떼루아–산지

몽라셰 지역은 북쪽의 슈발리에 몽라셰 구역과 보다 남쪽에 위치한 바따르 몽라셰 두 마을에 걸쳐있다. 해발 250~270미터 높이에 경사 10도 미만의 완만한 언덕 지대에 위치한다. 토양은 쥐라기 중기에 형성된, 이회토가 섞인 석회암이 주를 이루고, 토심이 그리 깊지 않으며, 배수가 잘되는 편이다.

한편, 포도밭이 동쪽을 향해있어서 일조량이 충분하고, 고도가 높은 위쪽 구역은 찬 공기가 위에서 아래로 이동하면서 상대적으로 건조한 편이라 곰팡이 번식을 막아준다. 게다가 몽라셰 산봉우리가 강풍과 우박을 막아주고, 신선한 공기를 포도밭 아래쪽으로 순환시켜 주는 역할을 하는 덕분에 포도 재배에 매우 이상적인 조건이다.

와인 특징

몽라셰 와인은 뛰어난 명성만큼이나 가격도 매우 비싼 편이다. 슈발리에나 바따르 마을 와인과 비교했을 때, 가격이 2~3배에 이르기도 한다. 풍부한 과일 향과 산미, 오크 향이 조화를 이루면서 미묘하고 섬세한 풍미를 보여주는 동시에, 특유의 파워풀하면서도 진한 느낌을 주는 장기 숙성형 와인이다.

참고로, 샤사뉴 마을에 위치한 르 몽라셰 포도밭에서는 쀨리니 마을에 비해 좀 더 우아하고 둥근 스타일의 와인을 만드는 것으로 알려져 있다.

바따르 몽라셰 Bâtard-Montrachet : 10.27헥타르

'바따르'라는 이름의 기원은 중세부터 전해지는 이야기로 거슬러 올라간다. 뿔리니의 영주가 말을 탄 기사로 등장해 당시 미혼이었던 레 쀼셀 자매를 구했고, 이들 둘 사이에서 '바따르'라는 아이가 태어나 시민들로부터 칭송을 받은 데서 이곳의 지명이 유래되었다고 한다.

오늘날, 이곳은 여러 명의 소유주가 지분을 나눠 갖고 있다. 이 중에는 0.29헥타르의 포도밭을 보유한 오스피스 드 본도 포함된다. 그리고 여기서 생산된 소량의 와인은 '프랑드르의 아가씨 Dames de Flandres'라는 이름으로 판매되고 있다.

떼루아-산지

바따르 몽라셰는 몽라셰 남동쪽 마을 방향으로 해발 240~250미터의 완만하고 낮은 언덕에 위치하고 있다. 전체적으로 포도가 익기에 일조량이 충분하다. 그리고 뿔리니의 다른 구역보다 토심이 좀 더 깊은 편이며, 샤사뉴 쪽으로 갈수록 갈색의 석회암 지대 위에 밝은색을 띠는 석회암 자갈들이 많이 보인다.

언덕 위쪽 지역은 고운 흙과 자갈이 섞여있고, 상대적으로 토심이 깊으며, 배수가 잘된다. 여기는 바토니안 석회암반 위에 아름다운 색상의 황토가 많이 함유되어 있다. 반면, 언덕 아래쪽은 경사가 더 완만해지면서 토심이 더 깊고, 점토 성분도 많아진다. 여기서는 좀 더 유연하고 부드러운 맛의 와인이 생산된다.

와인 특징

바따르 몽라셰 와인은 우아한 스타일에, 풍만한 바디와 부드러움이 모두 느껴지는 와인이다. 이는 좋은 포도밭과 시스테리안 수도회로부터 전승된 포도 재배법 덕분이다.

생산한 지 얼마 안 된 바따르 와인은 과일 향과 헤이즐넛 향이 느껴지며 때로는 약간 스파이스 뉘앙스도 있다. 그러나 시간이 흘러 숙성이 최고 수준에 도달하면, 안정적인 구조감과 기분 좋은 산도가 동시에 느껴진다.

비엥브뉘 바따르 몽라셰 Bienvenues-Bâtard-Montrachet : 3.43헥타르

비엥브뉘 포도원은 바따르 몽라셰 구역의 북동쪽 가장자리에 위치한다. 쀨리니-샤사뉴 도로를 건너 북동쪽으로 프리미에 크뤼 레 쀠셀이 있고, 남동쪽으로는 쀨리니 빌라주 포도밭들이 자리한다. 이곳 지명인 비엥브뉘는 19세기 무렵 타향에서 몰려든 일꾼들과 관련이 있는데, '비엥브뉘'라는 단어는 이들을 환영한다는 의미를 담고 있다.

떼루아-산지

토양과 지형의 특징은 바따르 지역과 큰 차이가 없다. 이곳 토양은 쥐라기 석회암이 주를 이룬다.

와인 특징

생산자마다 조금씩 차이는 있지만 비엥브뉘 와인은 주변 마을에 비해 보다 섬세하고 여성적인 스타일을 보여준다. 사실, 바따르와 비엥브뉘 와인을 비교했을 때, 풍미에 있어서는 큰 차이를 발견하기 어렵다. 그럼에도 불구하고, 비엥브뉘 와인이 바따르 와인보다 더 고가에 거래되는 이유는 와인의 품질이 더 나아서라기보다는 소량 생산으로 인한 희소성 때문일 것이다.

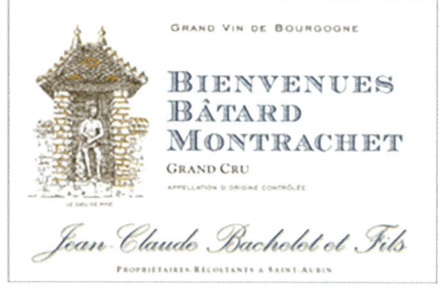

뻴리니-몽라셰 마을의 주요 생산자

도멘 자끄 까리용 Domaine Jacques Carillon

이곳은 원래 루이 까리용Louis Carillon이 설립한 도멘이었으나 2010년을 기점으로, 그의 두 아들인 자끄Jacques와 프랑수아François가 각자의 이름을 붙인 도멘으로 나누어 관리해 오고 있다. 우선, 도멘 자끄 까리용은 화이트 와인을 주로 생산한다. 포도밭에 캐노피를 설치해 햇빛을 적당히 가려주고, 포도알은 손 수확 방식을 따른다.

이곳의 오너는 빌라주 와인을 도멘 와인의 기준이라고 여기고, 특히 빌라주 와인에 남다른 애정을 갖고 있다. 이 와인은 7개의 포도밭에서 수확한 포도를 모아서 양조하며, 전체 면적은 2.7헥타르로, 포도나무의 평균 수령은 약 40년이다.

도멘 프랑수아 까리용 Domaine Francois Carillon

도멘 프랑수아 까리용은 뻴리니 지역을 중심으로 6.5헥타르의 포도밭을 보유하고 있고, 인근의 샤사뉴와 쌩-토뱅 지역에도 프리미에 크뤼 포도밭을 소유하고 있다.

이곳에서는 비오디나믹 농법을 적용해, 사람이 말과 쟁기를 사용해 밭을 일군다. 포도 수확도 사람 손으로 이루어지며, 4~6주간 두 단계의 발효를 거친다. 발효를 마친 와인은 1년 정도 오크통에 담아 숙성시키고, 약 6개월 뒤 큰 탱크로 옮겨 안정화 과정을 거친 다음, 여과 작업 없이 그대로 병입한다.

도멘 쟝 샤르트롱 Domaine Jean Chartron

1859년, 쟝-에두아르 뒤빠르 Jean-Edouard Dupard가 설립했고, 그의 딸이 샤르트롱 가문 자손과 결혼하면서 명칭이 도멘 샤르트롱으로 바뀌었다. 현재 이 도멘은 쟝-미셸 Jean-Michel 샤르트롱과 그의 여동생 안느-로르 Anne-Laure가 공동으로 관리한다.

이곳 포도밭 지분은 13헥타르에 이르며, 뿔리니를 중심으로 샤사뉴와 쌩-토뱅 지역에 이르기까지, 그랑 크뤼, 프리미에 크뤼 포도밭이 다수 포함된다. 빌라주 와인을 제외한 이곳의 모든 와인은 228리터 배럴에서 12개월 정도 숙성한 뒤, 스테인리스 탱크로 옮겨 다음 해 가을까지 안정시키는 과정을 거친다. 한편, 규모는 작지만 뿔리니 몽라셰 프리미에 크뤼 레 까이예레 Le Caillerets 이름의 포도밭에서 피노 누아를 품종을 재배해 우아한 스타일의 레드 와인을 생산하기도 한다.

도멘 르플레브 Domaine Leflaive

도멘 르플레브는 다수의 그랑 크뤼와 프리미에 크뤼 포도밭을 소유하고 있다. 이곳에서 생산하는 그랑 크뤼 와인의 특징을 살펴보면, 비엥브뉘 바따르 몽라셰는 기분 좋은 새콤한 느낌의 산도와 고소한 견과류의 풍미가 복합적으로 느껴지는 부드러운 와인이고, 바따르 몽라셰는 레드 와인을 떠올리게 할 만큼 깊고 중후한 느낌을 주는 화이트 와인이다. 또한 슈발리에 몽라셰는 이러한 모든 요소들을 아우르는 조화로운 와인으로 묘사된다.

도멘 에띠엔느 소제 Domaine Etienne Sauzet

2002년, 상세르 출신의 브누아 리포Benoit Riffault는 뿔리니에 도멘을 세우고 자신의 와인 사업을 시작했다. 이 도멘은 총 18종류의 와인을 생산하고, 여기에는 4종의 그랑 크뤼 와인과 9종의 프리미에 크뤼 와인도 포함되어 있다. 한편, 2009년부터 이 도멘의 포도밭은 비오디나믹 방식으로 관리되고 있다. 수확한 포도는 압착기에서 3~4시간 동안 과즙을 짜내어 발효를 시킨

다. 그다음 오크통으로 옮겨 숙성시키는데, 이때 사용하는 뉴 오크통의 비율은 15~30%이다. 12개월 정도 숙성을 거친 와인은 스테인리스 통으로 옮겨 6개월 정도 안정상태로 두고, 이후 병입한다.

와인의 특징을 살펴보면, 미네랄을 중심으로 과일 향이 풍부하고, 유연하고 부드러운 질감이 돋보인다. 딱 알맞은 정도로 조화로운, 마시기 편한 스타일의 와인이다.

13. 샤사뉴 몽라셰 *Chassagne-Montrachet*

샤사뉴 몽라셰 마을

20세기 중반까지 샤사뉴 몽라셰는 주로 레드 와인을 생산하는 지역이었다. 하지만 이후, 화이트 와인의 인기가 점점 높아지고, 때마침 이곳이 화이트 와인 산지로 명성을 얻기 시작하면서 생산자들은 적포도 품종 대신 화이트 품종을 재배하기 시작했다. 그 결과, 현재 화이트 와인 생산이 더 많고, 시간이 지날수록 점점 더 비중이 높아지는 추세이다. 하지만 사실, 이곳 토양은 샤르도네보다는 피노 누아 품종을 재배하는 데 더 적합하다. 실제로, 여전히 레드 와인 생산 또한 활발히 이루어지고 있다.

앞서 언급했듯이 그랑 크뤼 끌리마 중 르 몽라셰와 바따르 몽라셰는 남쪽 샤사뉴 마을과 북쪽 쀨리니 마을에 걸쳐 분포해 있다. 그리고 크리오 바따르 몽라셰는 포도밭 전체가 샤사뉴 마을에 속해있다. 그랑 크뤼 외에도 다수의 프리미에 크뤼 포도밭이 존재하며, 남쪽의 상트네에서 북쪽의 쀨리니 몽라셰 마을에 이르기까지 대체로 고른 품질을 자랑한다.

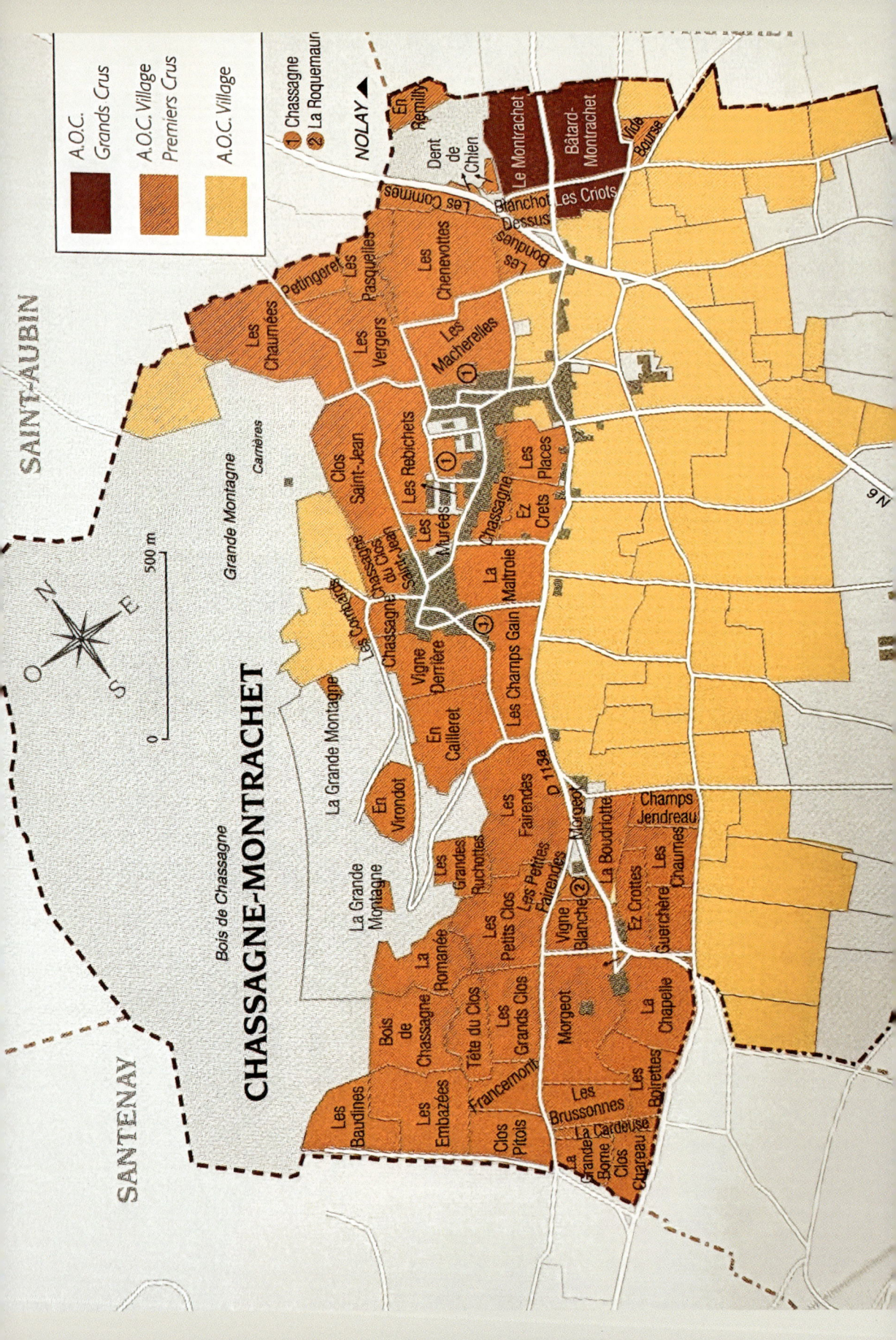

떼루아-산지

샤사뉴 몽라셰를 둘러싼 토양은 꼬뜨 도르에서 흔히 볼 수 있는 석회질 토양이다. 하지만 남쪽과 북쪽 지역의 포도밭을 비교했을 때, 한 가지 크게 구별되는 점이 있다. 샤사뉴 몽라셰의 남쪽 지역은 석회질 함량이 많은 이회토와 자갈이 주를 이룬 덕분에 피노 누아 품종을 재배하기에 더욱 적합한 반면, 북쪽 지역은 좀 더 단단한 이회암과 부드러운 석회암이 섞여있어 최상급의 샤르도네를 생산하는 데 훨씬 유리하다는 것이다.

이곳의 전체적인 기후를 살펴보면, 따뜻하고 건조한 여름과 길고 추운 겨울을 특징으로 하는 대륙성 기후의 영향을 받는다. 흔히, 샤사뉴 몽라셰 마을을 부르고뉴 와인 생산의 남방 한계선이라고 일컫는데, 그 이유는 이 지역이 프리미에 크뤼와 그랑 크뤼 포도밭이 번갈아 이어지는 흐름의 끝자락이기 때문일 것이다.

와인 특징

샤사뉴 몽라셰의 세계적인 명성은 이곳에서 생산되는 화이트 와인 덕분이다. 유연하다기보다는 다소 날카로운 느낌을 주고 혓바닥에 짜릿한 긴장감을 선사하는 동시에, 구조감도 느껴지며, 파워풀하고 진한 풍미를 발산한다. 시간이 지나 와인이 숙성되면 구운 아몬드와 헤이즐넛 등의 견과류, 잘 익은 사과, 흰 꽃, 꿀 향 등을 복합적으로 느낄 수 있고, 피니시도 매우 긴 편이다.

화이트 와인이 워낙 유명하지만 레드 와인의 품질 또한 뛰어나다. 일반적으로 진한 빛깔을 띠고, 구조감이 있으며, 미네랄과 함께 체리, 까시스 등의 아로마가 잘 느껴지는 와인이다.

> **샤사뉴 몽라셰**CHASSAGNE-MONTRACHET **마을의 3개 그랑 크뤼**
> - **르 몽라셰** Le Montrachet: 9.59헥타르
> - **바따르 몽라셰** Bâtard-Montrachet: 10.27헥타르
> - **크리오 바따르 몽라셰** Criots- Bâtard-Montrachet: 1.57헥타르

* 르 몽라셰(몽라셰)와 바따르 몽라셰는 앞 장 쀨리니 몽라셰에서 이미 다루었다.

크리오 바따르 몽라셰Criots- Bâtard-Montrachet: 1.5721헥타르

크리오 바따르 몽라셰는 샤사뉴 몽라셰 마을에 속해있다. 부르고뉴에서 가장 작은 면적의 화이트 와인 그랑 크뤼 산지이기도 하다. 이는 레드 와인 그랑 크뤼 중 면적이 가장 작은 라 로마네와 비교된다.

크리오라는 이름의 유래에 관해서는, 조약돌을 뜻하는 cailloux에서 파생되어, 돌이 많은 지역을 의미하는 크레Crai에서 비롯되었다는 주장이 있다. 실제로 꼬뜨 도르 지역에는 크레Crai/Crais라는 단어가 들어간 포도밭 이름이 존재한다. 한편, 크리오 이름에 관련해서 또 다른 이야기가 전해진다. 중세 시대 이곳의 영주였던 드 쀨리니 공이 어느 날, 큰 소리로 우는 아이를 발견했는데, 마음에 들어 양자로 삼았다고 한다. 당시, 영주의 친아들은 기사불어로 '슈발리에' 의미였

는데, 나중에 두 아들에게 포도밭을 상속하면서 각각 슈발리에 몽라셰, 바따르 몽라셰불어로 '서자' 의미라고 불리게 되었다는 것이다.

떼루아—산지

포도밭 구역은 전체적으로 직사각형 모양을 띠고 있으며, 바따르 몽라셰의 남서쪽에 위치한다. 해발 250미터 정도의 높이에, 동북동쪽으로 완만하게 이어지는 비탈면에 자리한다. 이곳의 모암은 이웃 지역과 마찬가지로 중기 쥐라기 시기에 형성되었다. 바따르와 토양이 거의 비슷하며, 심층토는 쥐라기에 형성된 석회암이다. 그러나 바따르 지역보다 돌이 많아서 좀 더 미네랄과 산미가 풍부한 세련된 와인이 생산된다.

돌이 많이 섞여있는 계단식 포도밭으로 이루어져 있는데, 낮에 태양열을 흡수한 돌들이 밤에는 토양에 보온효과를 주는 동시에 흙의 침식을 예방하고, 와인에 활기를 부여하는 역할을 한다. 게다가 토양의 30%를 구성하는 점토 성분 덕에 세련된 바디감을 갖춘 와인이 생산된다.

와인 특징

크리오 바따르 몽라셰 와인은 다소 우스꽝스러운 지명과는 대조적으로, 매력적인 와인을 생산한다. 이곳의 와인은 뻴리니의 다른 여느 와인보다 더 섬세한 풍미를 자랑하고, 세련되며, 강한 미네랄을 느끼게 해준다. 모든 생선 요리와 무난하게 어울리며, 그중에서도 특히, 바닷가재 크림수프와 완벽한 궁합을 이룬다. 흰 살 고기 요리와도 어울리며, 푸아그라와 함께 식전주로 마셔도 좋다.

샤사뉴-몽라셰 마을의 주요 생산자

도멘 필립 꼴렝 Domaine Philippe Colin

꼴렝 집안은 샤사뉴의 대표적인 와인 가문으로, 우수한 품질의 와인을 생산한다. 2004년부터 필립 꼴렝이 도멘의 대표를 맡아 운영하고 있고, 그의 아들 시몽 Simon이 곁에서 그를 돕고 있다.

근처 언덕에 위치한 프리미에 크뤼 구역들은 미세한 기후 차이에 따라 포도밭이 나뉜다. 언덕 위쪽의 레 쇼메 Les Chaumées에서 만든 와인은 맛이 직선적이고 강한 편이다. 반면, 아래쪽에 위치한 레 슈느보뜨 Les Chenevottes에서는 스파이스 같은 약간 매콤한 뉘앙스를 주는 동시에 원만하고 마시기 편한 느낌의 와인이 생산된다. 그리고 레 베르제르Les Vergers 와인의 경우, 세련되고 우아한 느낌을 주고, 풍미가 좋다.

도멘 삐에르-이브 꼴랭-모레이Domaine Pierre Yves Colin-Morey

꼴랭-모레이는 우수한 품질의 화이트 와인을 생산하는 도멘으로 오랜 시간 주목을 받았다. 이곳 와인은 섬세하고 단정한 맛을 지니는 동시에, 결코 지나침이 없다. 볼륨감은 조금 약해도 격조가 느껴지며, 생기가 있다. 도멘의 시작은 2005년, 이브-꼴랭이 자신의 도멘을 세우면서 독립한 데서 출발했다. 포도 재배는 절반쯤 유기농 방식으로 이루어지고, 빈티지마다 조금씩 차이가 난다.

한편, 이 도멘은 최고 수준의 와인을 생산하기 위하여 세부적인 면에도 신경을 쓴다. 예를 들어, 조기 산화 현상premature oxidation을 막기 위해 코르크 마개 위를 왁스로 마무리 처리해 오고 있다. 와인의 신선함, 색상, 향미 등을 유지하기 위한 노력의 일부이다.

도멘 뱅상 당세르 Domaine Vincent Dancer

샤사뉴 마을에 있는 이 포도밭은 애초에 당세르 가문이 임대를 주고 있던 곳이다. 그러던 중 1995년, 뱅상 당세르가 자기 이름의 도멘을 세우고 5헥타르 면적의 포도밭을 직접 관리하면서, 여기서 만든 와인을 네고시앙에 판매하기 시작했다. 그리고 2003년부터는 본인의 도멘에서 직접 병입, 유통까지 담당해 오고 있다. 이곳의 기본 철학은 와인에 대한 지나친 숭배를 경계하고, 편하게 마시고 즐기는 것이 가장 중요하다는 것이다.

이곳에서는 상당히 긴 시간 동안 발효 과정을 거치며, 간혹 15개월이 소요되기도 한다. 발효 기간은 빈티지마다 달라지는데, 매년 재배하는 포도의 특징을 잘 파악해서 그에 맞추어 발효를 진행한다. 포도즙의 찌꺼기와 효모 사용량 또한 매년 바뀐다. 이곳에서 생산된 와인은 너무 무겁지 않고 경쾌하며, 미네랄도 충분히 느끼게 해준다.

도멘 쟝-노엘 가냐르 Domaine Jean-Noël Gagnard

이곳은 프랑스 대혁명 이전부터 쭉 이어진 유서 깊은 도멘이다. 도멘을 세운 샤를 빠끌랭 Charles Pacquelin의 외가 쪽 후손인 쟝-노엘 가냐르가 1960년 도멘의 주인이 되었고, 1989년에는 그의 딸 까롤린 레스띠메 Caroline Lestimé에게 물려주었다. 그녀는 2015년부터 메종 까롤린 레스띠메라는 이름의 네고시앙 업체도 함께 운영해 오고 있다.

이 도멘에서 생산하는 와인 가운데 약 90%는 화이트 와인이다. 바따르 몽라셰에서 그랑 크뤼를, 샤사뉴 몽라셰와 상트네 지역에서는 다수의 프리미에 크뤼를 생산하고 있다. 그녀는 각 프리미에 크뤼 포도밭마다 각기 다른 양조 방식을 택함으로써 와인의 개성을 충분히 드러내고, 뛰어난 품질의 와인을 생산하고자 한다. 가령, 원만하고 부드러운 느낌의 레 셴보뜨Les Chenevottes, 유연한 레 쇼메, 이국적이며 볼륨감이 풍부한 레 샹 갱Les Champs Gain 와인 등이 그 예이다.

도멘 베르나르 모로 에 피스Domaine Bernard Moreau et Fils

마르셀 모로가 설립한 이 도멘은 1977년부터 2012년까지 베르나르 모로가 이끌었다. 그리고 한동안 베르나르의 두 아들 알렉스Alex와 브누아Benoit가 함께 도멘을 운영했었다. 알렉스는 와인 양조를 담당하고, 브누아는 포도밭 관리에 집중하는 등 업무를 분담해서 일했는데, 2020년 말, 포도밭을 관리하던 브누아가 도멘을 떠나기로 결심하면서 상황이 바뀌었다. 그는 도멘 베르나르 모로로부터 포도밭 지분을 인수해 도멘 브누아 모로Domaine Benoit Moreau를 세우고, 비오디나믹 농법과 내추럴 와인 양조 기술을 바탕으로 인상적인 와인을 출시해 오고 있다. 그리고 도멘에 남기로 한 알렉스도 자기 이름을 딴 도멘을 설립하고, 2021년부터 도멘 알렉스 모로Domaine Alex Moreau 이름하에 첫 번째 와인을 출시했다.

한편, 여기서 생산되는 와인 가운데 화이트 와인이 75% 이상을 차지하고 있다. 가급적 오크 사용을 자제하고, 포도가 가진 본연의 향과 맛을 끌어올리는 데 초점을 맞춘다. 그리고 이렇게 만든 와인은 매우 세련되고 우아한 느낌을 주는 동시에, 밸런스가 좋고, 진하면서도 결코 지나친 법이 없는 뛰어난 품질의 와인이다.

도멘 쟝-끌로드 라모네 Domaine Jean-Claude Ramonet

이 도멘은 1930년대에 삐에르 라모네 Pierre Ramonet가 설립하였고, 그는 평생 포도밭에서 일하며 번 돈으로 꾸준히 포도밭 면적을 늘려갔다. 1978년, 몽라셰 포도밭 중 겨우 0.26헥타르를 구입하기 위해 현금을 왕창 들고 가 지불했다는 이야기도 전설처럼 전해지고 있다. 이후, 손자인 노엘 Noel과 쟝-끌로드 Jean-Claude가 함께 도멘을 맡아 운영하다가 2013년 빈티지를 마지막으로 노엘이 자신의 도멘 지분을 모두 동생에게 넘기게 된다. 그 결과, 2014년부터는 도멘 라모네 대신 도멘 쟝-끌로드 라모네 이름하에 와인을 출시하고 있다.

몽라셰를 비롯해 인근 지역에 다수의 포도밭을 소유하고 있고, 독특하고 개성 있는 와인을 만드는 것으로 정평이 나있다. 처음에는 과일 향이 먼저 강하게 느껴지다가 시간이 지날수록 다양한 허브 향이 더해지고, 입안에서 부드러운 텍스처와 긴 여운으로 마무리된다.

14.
상트네 Santenay, 마랑주 Maranges

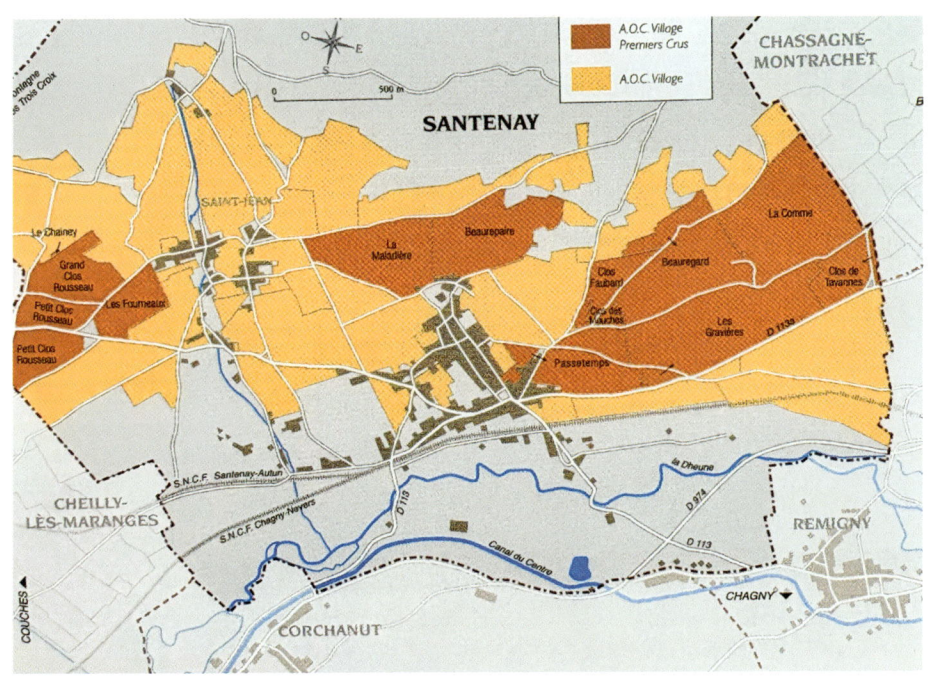

상트네는 꼬뜨 드 본 지역의 가장 남쪽에 위치한 마을이다. 샤사뉴-몽라셰 마을과 경계를 이루는 곳이기도 하다. 1937년 자체 아뺄라시옹이 만들어졌고, 이곳에서는 주로 피노 누아로 만든 레드 와인을 생산한다. 소량이긴 하지만 샤르도네로 만든 화이트 와인도 생산된다. 샹트네 마을에는 12개의 프리미에 크뤼 끌리마가 존재하는데, 마을 북동쪽 코너 지역에 집중되어 있다.

전형적인 상트네 레드 와인은 일반적인 부르고뉴 레드 와인과 마찬가지로 다크 체리 컬러를 띠는 동시에, 북쪽의 다른 마을에 비해 색이 더욱 짙은 편이다. 장미 향과 함께 붉은 과일 향, 감초 향이 나고, 프리미에 크뤼의 경우에는 제비꽃 향이 강하게 느껴진다.

하지만 샹트네 와인은 세련되기보다는 투박하고 시골스러운 뉘앙스 탓에 북쪽 마을에 비해 저평가되는 경우가 더러 있다. 이는 지형적으로 이회암 비중이 높은 토양 때문이다. 또한 대륙성 기후의 영향을 받으며, 3면이 노출되어 있어서 꼬뜨 드 본 내 다른 지역보다 서풍의 영향을 많이 받는다. 따라서 싹이 트는 봄 시기에 바람의 영향을 덜 받는 북쪽 마을의 포도밭과 비교해서 기후 피해에 보다 취약할 우려가 있다.

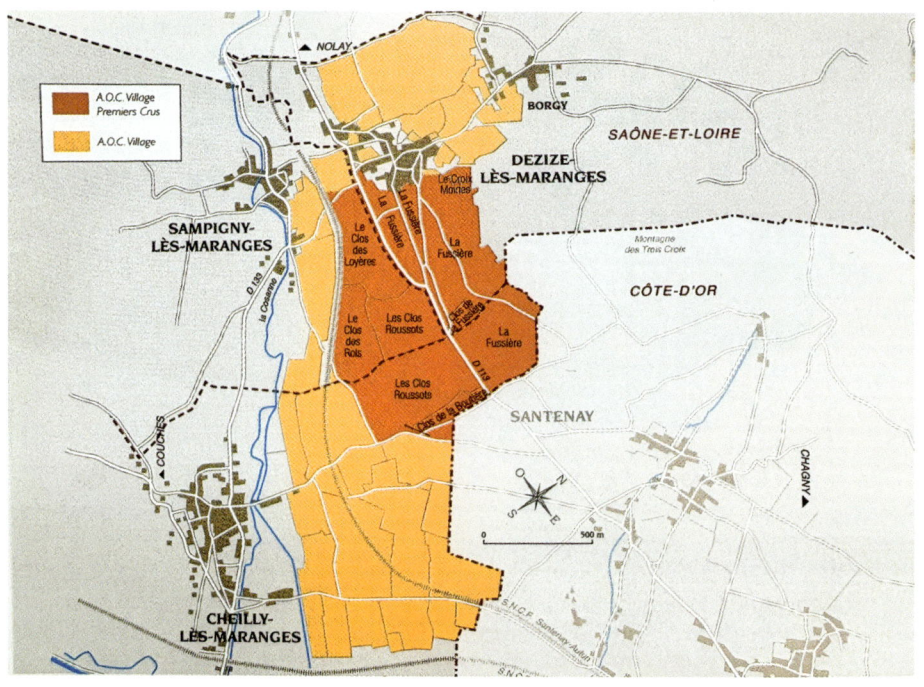

마랑주는 상트네와 마찬가지로 꼬뜨 드 본의 가장 남쪽에 위치한 마을이다. 행정구역상으로는 꼬뜨 도르가 아닌, 손-에-루아르주에 속하지만 지리적인 특징이나 와인 스타일을 보았을 때 넓은 의미의 꼬뜨 도르 와인으로 본다. 꼬뜨 도르 경사면 남쪽 끝에 위치한 덕분에 대체로 남향 노출의 장점을 지니며, 상대적으로 토양 내 석회질과 진흙 비중이 큰 편이다.

처음에는 꼬뜨 드 본-빌라주 AOC로 와인을 생산했지만 1989년 마랑주 아뻴라시옹이 만들어졌고, 여기서는 피노 누아 품종으로 미디엄 바디의 레드 와인을 생산해 오고 있다. 샤르도네로 만든 화이트 와인은 매우 소량만 생산된다. 7개의 프리미에 크뤼 끌리마가 존재하는데, 이들은 모두 석회암이 풍부한 언덕 경사면에 위치하고, 동쪽으로는 상트네 마을과 이웃한다.

미니토픽 5

오가닉, 비오디나믹, 내추럴 와인의 차이

땅과 와인 사이의 철학

최근 와인 세계에서 '자연스러움'은 하나의 흐름이자 철학이 되었다. 와인을 단순한 소비재가 아닌 생산자의 철학과 땅의 표현으로 여기는 사람들이 많아지면서, 우리는 이제 유기농오가닉, 비오디나믹, 내추럴 와인이라는 말을 자주 듣는다. 이들은 모두 자연과의 조화를 중시하지만, 적용 기준과 깊이는 서로 다르다.

오가닉Organic 와인

오가닉 와인은 말 그대로 유기농법으로 재배한 포도로 만든 와인이다. 이는 화학 비료, 제초제, 살충제 등의 합성 농약 사용을 금지하며, 대신 식물성 방제제나 천연 자재를 활용한다.

유럽연합EU에서는 2012년부터 양조 과정에도 기준이 생겨, 와인에 첨가되는 황SO_2도 일정 수준 이하로 제한된다.

장점은 포도밭의 건강성과 토양 생태계를 유지할 수 있다는 것이며, 단점은 병해충에 대한 방제가 어려워 수확량이 들쑥날쑥할 수 있다는 점이다.

비오디나믹Biodynamic 와인

비오디나믹은 유기농의 한 단계 위, 혹은 옆에 있는 보다 철학적·우주론적인 농법이다. 오스트리아 철학자 루돌프 슈타이너Rudolf Steiner의 인지학 이론에서 출발하며, 달의 주기와 천체의 움직임에 따라 파종과 수확을 조절한다.

또한, 특수한 천연 제제를 토양에 사용하여 땅의 에너지를 조화롭게 유지한다고 믿는다. 대표 인증은 Demeter데메테르와 Biodyvin비오디뱅이 있다.

내추럴Natural 와인

내추럴 와인은 공식적인 정의는 없지만, 일반적으로 '최대한 개입하지 않는 와인'을 뜻한다.

오가닉 또는 비오디나믹 농법으로 재배한 포도를 사용하고, 인공 효모를 사용하지 않으며, 황이나 첨가제를 최소화하거나 아예 사용하지 않는다. 필터링도 하지 않는 경우가 많다.

내추럴 와인은 포도 자체와 토양의 특성과 풍미를 있는 그대로 즐길 수 있는 매력이 있으나 종종 탁하거나, 상큼하고 예기치 못한 발효 아로마를 지니기도 한다.

| 세 가지의 핵심 차이 요약 |

	오가닉	비오디나미	내추럴
기본 철학	화학농약 금지	생명력 · 우주 에너지	최소 개입
인증 제도	EU Organic, AB 등	Demeter, Biodyvin	공식 인증 없음
양조 개입	일부 허용	원칙적으로 제한	거의 없음
황(SO_2) 사용	제한 허용	제한 허용	최소 또는 무첨가
대표 생산자	Château Maris, Domaine Leflaive	Nicolas Joly, Zind-Humbrecht	Domaine Mosse, Frank Cornelissen

마치며

이 세 가지는 단순한 스타일이 아니라, 자연과의 관계를 바라보는 방식이다. 어떤 방식이 더 우월하다고 단정 지을 수는 없으며, 소비자 입장에서는 자신의 취향과 철학에 맞는 와인을 선택하는 것이 중요하다. 때로는 한 모금의 와인이 단지 맛뿐 아니라, 그 안에 담긴 농부의 선택과 땅의 소리를 함께 느끼게 해줄지도 모른다. (최종호)

꼬뜨 샬로네즈 륄리Rully 마을 프리미에 크뤼 보브리Vauvry 포도밭 풍경

제7장

꼬뜨 샬로네즈

지도로 보는

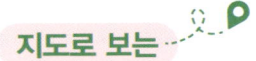

꼬뜨 샬로네즈

꼬뜨 드 본
꼬뜨 뒤 꾸슈아
Chagny
Dijon
A6
1
2
3
4
5
Chalon-sur-Saone
A6
Macon
마꼬네
빌라주(마을) AOCs
1. 부즈롱
2. 륄리
3. 메르퀴레
4. 지브리
5. 몽따니

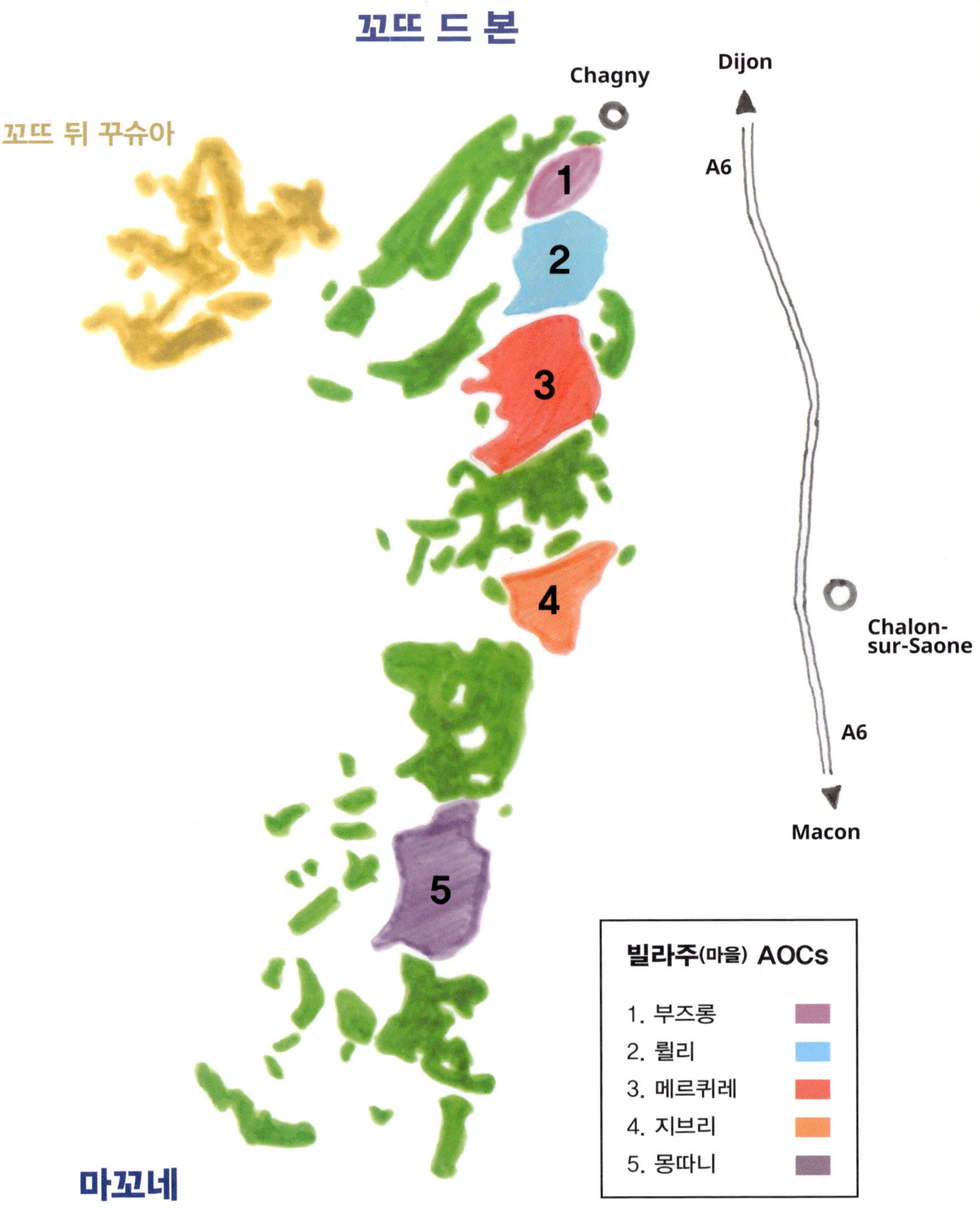

꼬뜨 샬로네즈는 파리에서 동남쪽으로 350여킬로미터 떨어져 있으며, 부르고뉴 손-에-루아르주 행정구역에 위치한다. 북쪽으로는 꼬뜨 드 본 남쪽 끝과 아주 가깝고, 남쪽은 마꼬네 지역으로 이어지며, 동쪽에는 샬롱-쉬르-손 Chalon-sur-Saône강이 흐른다.

꼬뜨 샬로네즈 전 지역이 부르고뉴 레드와 화이트의 훌륭한 공급원으로, '부르고뉴-꼬뜨 샬로네즈' AOC로 판매된다. 꼬뜨 샬로네즈의 와인들이 꼬뜨 도르와 샤블리의 명성에 가려져 아직 널리 알려져 있지는 않지만, 품질은 우수하며 가격도 저렴한 편이다. 여기서도 꼬뜨 도르처럼 향미가 강한 레드 와인과 버터 향이 나는 화이트 와인이 생산된다.

다섯 곳의 주요 코뮌으로 구성되어 있으며 이들은 1마일 남짓한 거리를 두고 떨어져 있다. 북에서 남으로 부즈롱Bouzeron, 륄리Rully, 메르퀴레Mercurey, 지브리Givry, 그리고 몽따니Montagny가 이 다섯 코뮌에 해당하는데, 꼬뜨 도르에서 가장 가까운 부즈롱 마을을 제외한 다른 네 곳의 코뮌의 많은 포도원이 프리미에 크뤼로 승인되어 있음에도 불구하고, 샬로네즈에는 그랑 크뤼 포도밭은 없다. '부르고뉴 꼬뜨 샬로네즈'라는 명칭 표기법은 공동 타이틀을 덧붙이는 지역 일반 와인과 프리미에 크뤼에 모두 사용된다. 재배면적은 레드가 370.04헥타르이며 화이트가 174.64헥타르이다.

토양과 기후

본이 꼬뜨 도르 중심부의 석회암 급경사면을 따라 촘촘히 재배되는 것에 비해 샬로네즈의 포도밭은 좀 더 흩어져서 작은 언덕들로 이루어져 있다. 이는 이 지역의 떼루아를 특징짓는 석회질의 토양이 최대화된 곳을 골라 위치하고 있기 때문이다. 포도밭의 평균 고도는 250~350미터이며, 꼬뜨 도르 지방보다는 지형이 좀 더 평탄하다.

샬로네즈 지역에서 진흙이 곁들여진 석회암의 존재는 실로 필수적이라 할 수 있다. 철분 등 미네랄 뉘앙스가 두드러지는 와인은 매우 가치 있게 평가되며, 최고의 포도밭은 주로 토양 속에 석회질이 높게 함유되어 있기 때문이다. 토양의 종류는 지형과 밀접히 관련되어 있는데, 꼬뜨 샬로네즈 코뮌의 남향의 경사지는 프리미에 크뤼로 평가받기에 적합한 조건이다. 이는 돌산을 둘러싸며 남쪽과 남동쪽을 향하는 경사지에 최상의 포도원들이 산재하고 있는 지브리 마을에서 명백히 알 수 있다.

기온은 다른 곳보다 뚜렷하게 따뜻한 편은 아니나, 언덕 지형으로 강우량은 다소 적다. 기후는 포도의 충분한 성숙을 돕는 환경을 제공하는, 상대적으로 추운 겨울과 따뜻하고 건조한 여름이 특징인 대륙성 기후이다.

생산 품종 및 양조

피노 계열의 품종과 가메, 알리고떼 품종들도 적은 양이 재배되고 있으나, 꼬뜨 샬로네즈를 대표하는 두 주요 포도 품종은 샤르도네와 피노 누아이다. 대체로 꼬뜨 도르 지역과 비슷한 방식으로 와인을 제조한다.

샬로네즈 와인 특징

피노 누아로 만들어진 레드 와인은 투명한 자주색 또는 루비색을 띤다. 딸기, 구즈베리, 블랙커런트, 블루베리 등의 과일 아로마들이 앞장서 나온다. 체리와 핵과 과일의 풍미가 종종 보이고, 때때로 동물 향과 버섯 향도 나타난다. 탄닌과 산도가 잘 조화를 이루며, 확고한 구조감과 원만함은 특별한 매력을 보여준다.

화이트는 활기차고 정직한 개성을 보여준다. 미묘한 시트러스 아로마들은 생선 타르트와 해산물 요리, 양념 된 혹은 구운 채소들과 잘 어울린다. 식전주로서 블랙 올리브와 잘 어울리며, 부드럽고 순한 치즈, 염소 치즈와도 좋은 궁합을 보여준다.

샬로네즈의 빌라주 AOC 마을들

❶ 부즈롱 Bouzeron

부즈롱은 꼬뜨 샬로네즈의 북쪽 작은 마을이며, 꼬뜨 드 본의 명성 높은 샤사뉴 몽라셰 경사지와 불과 5킬로미터 떨어져 있는 곳에 위치해 있다. 알리고떼로 만든 화이트 와인에 쓰이는 명칭으로 이웃한 샤세-르-캉 Chassey-le-Camp

의 포도원도 여기에 포함된다. 이 두 코뮌은 '부르고뉴 알리고떼'라는 하위 지방 AOC 명칭으로 20여 년간 표기되다가 1998년에 부즈롱이라는 명칭을 얻게 되었다. 재배면적은 62.47헥타르이다.

부즈롱의 토양은 중생대 중기에 생성된 석회층에 기반하고 있는데, 이는 북쪽으로 가까이 위치한 꼬뜨 드 본뿐만 아니라 샬로네즈 지방의 코뮌들과도 비슷하다. 해발 270~350미터의 경사면에 주로 포도가 재배되며 포도밭은 동향 또는 남동향 방향이 주를 이룬다. 이곳의 기후는 따뜻하고 건조한 여름과 서늘한 겨울을 가진 대륙성 기후로 설명된다. 하지만, 종종 여름 폭풍우로 비가 많이 내리기 때문에 강수량은 연중 상대적으로 많은 편에 속하며, 이는 때때로 포도 성숙에 위협적인 요소가 되기도 한다.

부즈롱 와인은 비단결 같은 맛과 함께 전형적인 드라이함과 가벼운 바디감을 가진다. 이 와인은 독특한 플로럴 향을 내며 바닐라의 희미한 잔향이 남는다. 대부분의 지역 생산자들은 더 가볍고, 신선한 와인을 생산하고자 함에도 불구하고, 이 지역의 와인은 대체로 오크통 발효 과정이나 오크통 숙성 기간을 가지는 것으로 알려져 있다.

❷ 륄리 Rully

륄리 마을 명칭은 샤니Chagny 마을에서도 함께 사용되며, 화이트와 레드 와인 모두에 쓰인다. 륄리라는 명칭은 다른 대부분의 샬로네즈 명칭과 마찬가지로 1939년에 만들어졌다. 륄리에서 23개의 끌리마는 프리미에 크뤼 등급이다. 레드 와인은 전형적인 부르고뉴 스타일로 피노 누아 품종으로 만들며, 화이트 와인은 오크통에서 발효되거나 숙성되는 샤르도네 품종으로만 만드는데, 레드보다 화이트가 더 많이 생산된다. 륄리의 재배면적은 약 366.44헥타르이다. 이 중 화이트 와인이 248.34헥타르69.67헥타르가 프리미에 크뤼이며 레드 와인은 118.10헥타르27.87헥타르가 프리미에 크뤼이다.

륄리는 라 몽따뉴 드 라 폴리La Montagne de la Folie 라고 불리는 낮게 형성된 석회암으로 구성된 산등성이의 동쪽 부근 아래에 위치한다. 이곳의 이름을 직역하자면 '광기의 산'이다. 이 이름은 라 폴리아La Folia라는 매혹적인 요정의 춤에서 따왔는데, 깜빡이는 빛이 이곳 마을 아래에서 보였다고 한다.

뢸리의 최상급의 포도원은 라 몽따니 드 라 폴리 산등성이의 동쪽 비탈면에 위치한다. 이곳은 반사광과 배수가 잘되는 석회질의 토양, 아침 햇볕을 잘 받는 동쪽 면의 이점을 누린다. 산등성이로부터 완만하게 펼쳐진 포도밭은 석회질에 모래 함량이 많은 가벼운 토양을 가지는 경향이 있어, 대체로 신선하고 과일 향이 풍부하며 적당한 바디감을 보이는 와인으로 인기를 얻고 있다.

뢸리의 최상급 빈티지는 높은 품질을 가진 부르고뉴 와인 중에서는 상대적으로 저렴한 가격이다. 크레망 드 부르고뉴의 최고의 모범이 되는 와인 중에는 뢸리의 와인도 몇 가지가 포함되는데, 이는 뢸리 와인이 어떤 특정한 스타일에 집중하기보다는 팔방미인과 같다는 평판을 얻고 있다. 필자가 뢸리마을 와인 숍에서 구입하여 시음한 프리미에 크뤼 화이트는 저렴한 가격에 훌륭한 품질이 인상적이었다.

❸ 메르퀴레 Mercurey

메르퀴레는 꼬뜨 샬로네즈의 다섯 마을명 표기 와인 중 하나이며, 지역 면적의 3분의 2를 포괄하는 곳이다. 1936년에 AOC로 지정되었으며 주로 피노 누아 품종으로 멋진 색상과 깔끔한 맛이 돋보이는, 가격 대비 가치가 탁월한 레드 와인을 생산한다. 상대적으로 생산량이 적은 화이트 와인은 샤르도네 품종으로 만들며 전체 생산량의 약 21%로 집계된다. 꼬뜨 샬로네즈는 한때 리종 region 드 메르퀴레로 불리었는데, 이는 메르퀴레라는 명칭이 얼마나 샬로네즈 지방에 중요한 것이었는지 가늠할 수 있게 한다.

최고의 메르퀴레 와인은 다른 샬로네즈 코뮌의 와인들보다 색이 깊고, 적당한 바디감과 비교적 장기 숙성이 가능한 것이 특징이다. 이는 떼루아의 질적 차이뿐만 아니라 품질을 중시하는 명칭 표기법의 결과이다. 작물의 최대 수확량은 꼬뜨 드 뉘와 꼬뜨 드 본에 버금가는 엄격한 규제를 따르고 있는데, 샬로네즈의 나머지 지역에서는 보다 완화된 규정이 적용된다.

메르퀴레 와인은 지금까지 이웃인 륄리와 지브리의 와인을 다 합친 것보다 많은 양의 와인약 24,000헥토리터을 생산하며, 샬로네즈의 다섯 마을 중에서도 가장 많은 공급량을 자랑하고 있다. 완만한 석회암의 경사면을 따라 빼곡히 늘어선 이곳의 재배면적은 약 645헥타르에 이른다. 이 중 레드 와인은 530.06헥타르145헥타르가 프리미에 크뤼이며 화이트 와인이 115.59헥타르20.22헥타르가 프리미에 크뤼이다.

해발 230~320미터에 포도밭이 분포된 메르퀴레의 기후는 따뜻하고 긴 여름과 상대적으로 건조한 가을이 특징인 대륙성 기후로서 최적의 성장 및 수확 시기의 이점을 누린다. 다만 한 가지 포도 재배에 위협이 될 수 있는 것은 이웃 지역보다 특별히 추운 기간이 긴 겨울이다. 일반적으로 메르퀴레가 다른 북부 지역의 코뮌보다 따뜻함에도 불구하고, 언덕이 많은 지형과 다소 높은 고도로 말미암아 포도 성숙기에 적정 온도를 유지하게 되어 와인에 훌륭한 균형을 제공한다.

메르퀴레 포도밭의 약 4분의 1은 프리미에 크뤼로 분류되는데, 공식적으로 확정된 32개의 끌리마가 이에 해당한다. 이곳의 와인들은 메르퀴레 프리미에 크뤼 명칭에 그들 고유의 포도밭 이름을 덧붙인다. 메르퀴레 프리미에 크뤼들은 다른 와인들보다 좀 더 엄격한 조건을 충족해야 하는데 0.5% 더 높은 알코올 도수와 8% 더 많은 포도 성숙도가 필요하다.

❹ 지브리 Givry

지브리는 꼬뜨 샬로네즈의 중심부에 위치한 다섯 코뮌 중 하나이며 1946년에 AOC로 지정되었다. 주로 피노 누아 품종으로 레드 와인을 생산한다. 가벼운 바디의 부드러운 와인이며, 체리와 블랙커런트 향이 느껴진다. 샤르도네 품종으로 소량 생산되는 화이트 와인은 깔끔하고 드라이하며, 미묘한 스파이스 아로마를 보여주기도 한다.

지브리는 메르퀴레와 함께 한때 샬로네즈 와인 생산의 중심이었으며 16세기 프랑스 왕 헨리 4세가 선호한 와인 산지로도 유명하다. 오늘날에는 꼬뜨 도르 와인만큼 높이 평가되고 있지는 않지만, 몇몇 지브리의 와인 생산자들은 스타일 면에서도 비슷한 남쪽 마꼬네 와인의 가격 대비 품질 비율에 뒤지지 않는 와인을 제공한다.

지브리 전체 포도원은 309.16헥타르이다. 이 중 레드 와인이 250.30헥타르 126.21헥타르가 프리미에 크뤼이며 화이트 와인이 58.86헥타르 18.44헥타르가 프리미에 크뤼이다. 포도 덩굴은 사암과 석회암이 골고루 분포된 토양에서 자라며, 이 중 최고의 포도원은 지브리 마을 서쪽의 석회질이 풍부한 남향의 경사지에 자리하고 있다. 240미터에서 280미터의 높은 고도에 주로 분포되어 있다.

지브리의 기후 역시 대륙성 기후로 최상의 생장 환경과 수확 시기를 만들어

낸다. 보다 북부에 위치한 코뮌들보다 더욱 따뜻함에도 불구하고 지역의 지형적 특성과 다소 높은 고도로 하여금 적정 온도를 유지하게 되어 와인에 신선함을 부여한다.

지브리 포도원의 중요 지역은 남향이나 남동향 경사지의 가장 좋은 떼루아에 위치하며 프리미에 크뤼로 지정되어 있다. 38개의 지브리 프리미에 크뤼가 있으며, 이들의 이름은 라벨의 명칭에 덧붙여지기도 한다. 근처 몽따니 지역에 비해 비록 적은 수이기는 하나, 프리미에 크뤼 포도원의 수가 많아 개별적인 이름의 중요성이 다소 희석화된 면이 없지 않다.

❺ 몽따니 Montagny

몽따니는 1936년에 AOC로 인증되었으며, 꼬뜨 샬로네즈의 다섯 마을 중에서 최남단에 위치한 몽따니는 화이트 와인에만 집중하는 코뮌이다. 샤르도네 품종으로만 와인을 생산하며 대개 오크통 발효와 숙성 과정을 거쳐 와인에 깊이와 복합미를 더해준다.

몽따니 와인은 다른 샬로네즈의 화이트 와인보다 묵직한 바디감과 신선한 산도를 가지고 있는 것으로 알려져 있다. 이것은 몽따니가 미묘하게 더운 남쪽에 위치하고 있는 점과 토양의 높은 석회질 함유량으로 인해 미네랄 특징이 살아있기 때문이다.

동향과 남동향의 250~400미터의 경사면 지질은 쥐라기 전기, 중기와 중생대 2억 년 전의 이회토, 석회암과 이회토가 섞인 지질은 포도 생장의 이상적인 떼루아이다. 뷔시Buxy 마을에 노출되어 있는 중생대의 사암은 샤블리와 같은 지질 연대의 키메리지안에 가깝다.

한때는, 어떤 몽따니 와인이라도 11.5%의 알코올 도수에 도달하면 프리미에 크뤼로 인정받던 시절이 있었다. 그러나 특정 와인의 개별적인 매력보다는 포도원 떼루아의 질적 특성에 기반하는 부르고뉴 표준 시스템이 자리 잡게 되면서 49개의 끌리마가 프리미에 크뤼로 지정되었다. 재배면적은 326.09헥타르에 이르며 이 중 219.81헥타르가 프리미에 크뤼이다.

▲ 초대형 포도 압착기

뿌이 퓌세 마을에 위치한 마꼬네의 상징, 솔뤼트르 석회암 바위절벽

마꼬네

지도로 보는
마꼬네

Beaune

마꽁 블랑
마꽁 루즈

Tournus

마꽁 빌라주

Saone

Cluny

1

2

3 4
   5
2

Macon

Lyon

빌라주(마을) AOCs

1. 비레 끌레세
2. 쌩-베랑
3. 뿌이-퓌세
4. 뿌이-로셰
5. 뿌이-뱅젤르

1.
레지오날 등급의 마꼬네 와인: 마꽁, 마꽁-빌라주

부르고뉴의 남단에 위치한 마꼬네 와인 산지는 마꽁시 북서쪽에 넓게 펼쳐져 있으며, 남쪽으로는 보졸레의 북쪽 지역과 연결된다. 마꼬네에서 생산되는 와인 중 약 85%가 샤르도네이며, 따라서 마꼬네의 주인공은 화이트라고 할 수 있다. 물론 샤블리나 꼬뜨 도르 만큼의 품질과 명성에는 못 미치고 있지만, 저렴하면서 품질 좋은 샤르도네 와인으로는 세계 최고라고 할 수 있다. 적포도는 피노 누아보다 가메가 많은 비율로 재배되고 있다. 중세 시대에 부르고뉴 공국에서 가메의 생산이 금지되었을 시기에 마꼬네는 부르고뉴 공국에 속해있지 않았던 탓에 아직까지 가메가 우위를 점하고 있다.

마꼬네 와인은 역사적으로 레드 와인으로 유명하였다. 그러나 20세기에 화이트 와인 생산이 급격히 가속화되었고, 지금은 화이트 와인이 주를 이루고 있다. 북쪽의 와인 산지에 비교하여, 더 잘 익은 샤르도네로 만들어진 마꼬네 와인은 부르고뉴의 최북단 샤블리보다 확연히 풍부하고 경쾌한 맛의 특징을 보여준다.

전원 지역을 관통하며 북에서 남쪽으로 거칠게 이어지는 기다랗고 빼곡히 늘어선 포도원을 가진 꼬뜨 도르와는 달리, 마꼬네 지방의 포도밭은 드문드문

산재해 있다. 이곳의 자연경관은 완만한 경사로 이루어진 석회암 구릉지대 중 하나로, 동쪽으로는 손Saône강을 경계로 두고 있는데 이 물줄기는 남쪽으로 흐르다 리옹시 외곽의 론Rhone강과 만난다.

이 와인 생산 지구는 2개의 얼굴을 가지고 있는데, 먼저 투르뉘스Tournus의 남서쪽에는 나무로 덮인 산 정상과 작은 계곡이 마꼬네산에서 이어져 포도나무 재배에 이상적인 환경을 가지고 있다. 한층 더 남쪽으로 가면, 구릉지대를 지나 베르지송Vergisson이나 솔뤼트르Solutre 등 기암이 우뚝 솟은 웅대한 경관이 펼쳐지는데, 토양과 햇빛이 풍부한 경사면에서 포도나무가 주로 재배된다.

전체 재배면적은 약 6,900헥타르로 부르고뉴 총생산량의 약 23%를 차지하는 최대 재배면적을 가진 지역이다.

기후와 토양

마꼬네의 기후는 론 계곡의 기후와 비슷한 점이 많은데, 남쪽은 지중해성 기후에 가깝다. 평균을 조금 웃도는 기온과 적은 강수량, 그리고 가장 특징적으로는 늦서리로 인한 작물 피해의 위험에서 조금은 자유롭다는 것을 들 수 있다. 토양은 자갈과 충적토로 이루어진 지형이며, 점토와 모래가 섞여있고 표면은 석회질로 되어있다.

마꼬네 와인 명칭과 분류

마꼬네 와인 명칭은 마꼬네 지방 전체에서 화이트, 레드, 로제 와인 모두를 포괄하여 사용되는 명칭이며, 특정 떼루아보다는 이 지역 특유의 스타일과 품질을 대표한다. 1937년 AOC 마꼬네의 인증을 받았으며 지방 명칭의 마꽁, 마꽁-빌라주, 마을 단위 빌라주 그리고 프리미에 크뤼로 등급이 나누어진다. 마꼬네에는 프리미에 크뤼 등급이 없었으나, 2020년 11월 뿌이 퓌세의 22개 끌리마, 2024년 11월에는 뿌이-로셰의 1개 끌리마와 뿌이-뱅젤르 마을의 3개 끌리마가 각각 프리미에 크뤼 등급으로 승격이 인정되어, 현재는 총 26개의 프리미에 크뤼가 존재한다.

마꽁의 명칭 표기법 아래에서 판매되는 레드 와인은 피노 누아나 가메로 만드는데, 피노 누아로 양조되는 와인은 좀 더 명성이 높은 부르고뉴 AOC 명칭 기법을 따르는 와인으로 시장에서 인식되어 있다. 실제로 마꽁 명칭의 레드 와인 대부분이 가메 품종으로 만들어진 것인데, 이러한 경우는 단일이나 복수 포도 품종의 혼합 형태를 가지는 마꽁의 로제 와인과는 관련이 없다.

마꽁 Mâcon

가장 기본적인 지방 명칭으로 마꼬네 지역에서 생산된 포도로 만드는 레드, 화이트, 로제 와인에 붙일 수 있는 지방 명칭이다. 레드 와인과 로제 와인은 마꼬네 주변 90개 코뮌에서 가메와 피노 누아가 재배되지만 대부분이 가메이며 재배면적은 약 183.96헥타르이다. 화이트 와인은 샤르도네가 재배되며 마꼬네와 주변 90개 마을에서 재배된 포도를 사용하며 재배면적은 148.16헥타르이다. 마꽁 화이트 와인은 지역과 떼루아에 따라 다르지만 과일 향이 풍부하고 드라이하며 프레시하고 마시기 편한 스타일이 많다. 응축된 맛으로 숙성에 필요한 산도를 가지고 있으며 대체로 코스트 퍼포먼스가 좋은 와인이다.

마꽁-빌라주 Mâcon-Villages

'마꽁-빌라주' AOC는 마꼬네 산지의 83개 마을에서 생산되는 샤르도네 품종으로 만드는 화이트 와인을 포괄하는 명칭 표기법이다. 한 코뮌 이상의 포도원에서 생산된 포도로 제조된 와인은 '마꽁-빌라주' 형태로 라벨을 달아야 한다. 이런 명칭 표기는 질적인 측면에서 '마꽁' 타이틀을 가진 와인의 품질보다 한 단계 위의 품질로 인식된다.

전형적인 '마꽁-빌라주' 형태의 와인은 가벼운 플로럴 향과 과일 향, 시트러스 과일의 향기를 담고 있으며, 최상품은 아몬드나 헤이즐넛을 연상시키는 은은한 견과류의 풍미를 가지고 있다.

'마꽁-빌라주'들은 마꼬네 지역 전체에 흩어져 있다. 마꼬네 북쪽 지역에서는 마을들이 산림지대로 인해 분산되어 서로 떨어져 있는데, 언덕이 많은 남쪽 지역에서는 포도밭들이 밀집해 있으며 최상의 마꼬네 떼루아를 형성하고 있다. 재배면적은 2,048.83헥타르이다.

마꽁 AOC의 보완적 지리명칭 DGC

마꽁 레지오날 AOC의 보완적 지리명칭 DGC으로 2005년에 지정된 '마꽁+빌라주'는 마꼬네 산지의 27개 마을에서 생산되는 와인을 포괄하는 보완적 지리명칭 표기법이다. '마꽁+빌라주'의 명칭을 가진 코뮌은 와인이 한 마을에서 생산된 포도로만 만들어지면 라벨에서 그들의 구체적인 마을 이름을 '마꽁' 뒤에 덧붙일 수 있도록 허용되고 있다. 예를 들면 마꽁-아제 또는 마꽁-퓌세와 같은 방식이다.

마꽁+마을 이름을 사용할 수 있는 27개 마을은 아래와 같다.

	마꽁 Regional AOC 의 보완적 지리명칭(DGC) 27개 마을들		
1	마꽁 아제(Azé)	15	마꽁 망세(Mancey)
2	마꽁 브레(Bray)	16	마꽁 밀리-라마르띤(Milly-Lamartine)
3	마꽁 뷔르지(Burgy)	17	마꽁 몽베레(Montbellet)
4	마꽁 뷔시에르(Bussières)	18	마꽁 뻬론느(Péronne)
5	마꽁 샹트레(Chaintré)	19	마꽁 삐에르클로(Pierreclos)
6	마꽁 샤르도네(Chardonnay)	20	마꽁 프리세(Prissé)
7	마꽁 샤르네-레-마꽁(Charnay-Lès-Mâcon)	21	마꽁 쌩-쟝구-르-나시오날(St.-Gengoux-Le-National)
8	마꽁 크뤼지으(Cruzille)	22	마꽁 세리에르(Serrières)
9	마꽁 다바예(Davayé)	23	마꽁 솔뤼트르-뿌이(Solutré-Pouilly)
10	마꽁 퓌세(Fuissé)	24	마꽁 위쉬지(Uchizy)
11	마꽁 이제(Igé)	25	마꽁 베르지송(Vergisson)
12	마꽁 라로슈-비뇌즈(La Roche-Vineuse)	26	마꽁 베르제(Verzé)
13	마꽁 로셰(Loché)	27	마꽁 뱅젤르(Vinzelles)
14	마꽁 뤼니(Lugny)		

대체로 레드, 로제, 화이트 와인이 생산 가능하나 마을에 따라서는 화이트만 또는 레드와 로제만 생산 가능한 경우도 있다. 세리에르 마을은 레드와 로제만 가능하며, 퓌세, 로셰, 몽베레, 솔뤼트르-뿌이, 위쉬지, 베르지송, 뱅젤르 마을은 화이트만 가능하다.

2.
빌라주 Villages 등급의 마꼬네 마을들

고품질의 와인을 생산하는 빌라주, 즉 마을 이름을 사용할 수 있는 빌라주마을 단위 AOC 등급이다. 마꼬네에서 마을 이름이 아뻴라시옹으로 공식 인정되는 다섯 마을은 비레–끌레세Viré-Clessé, 쌩–베랑Saint-Véran, 뿌이–퓌세Pouilly-Fuissé, 뿌이–로셰Pouilly-Loché, 뿌이–뱅젤르Pouilly-Vinzelles 이다.

❶ 비레–끌레세 Viré-Clessé

이곳은 마꽁시 북쪽, 손강의 서쪽 지역에 위치하고 있다. 비레와 끌레세 지역의 코뮌과 바로 이웃해 있는 래즈Laize와 몽베레Montbellet 또한 포함한다. 1998년 빈티지부터 빌라주 AOC 적용이 가능한 비레–끌레세 와인1999년 2월에 지정되었으며 이전에는 마콩-끌레세와 마콩-비레라는 화이트 와인 AOC로 표기은 상대적으로 명성이 높은 '뿌이' 와인으로 분류되기보다 작은 단일의 지역으로 구별하기 위해 만들어졌으며 품질이 좋은 화이트 와인을 생산하고 있다.

잔당이 적은 비레–끌레세 와인은 샤블리의 유명한 와인들만큼이나 드라이하다. 석회질과 점토 비율이 높은 토양적 특성이나 기후적인 면에서 인접한 '뿌이' 와인과 스타일 면에서 매우 유사하다고 할 수 있다. 좋은 품질의 비레–

끌레세 와인은 아카시아 향과 이국적인 과일 향기를 담고 있으며, 최상품인 경우 풍부한 미네랄리티와 부싯돌 향도 느껴진다. 화이트 와인만 생산하는 비레-끌레세 AOC의 재배면적은 456.22헥타르이다.

❷ 쌩-베랑 Saint-Véran

마꼬네 가장 남부 지역에 자리한 쌩-베랑 AOC 와인을 생산하는 마을들은 뿌이-퓌세의 포도밭을 중심으로 크게 남북 지역로 나뉜다. 위쪽 절반은 다바예Davayé, 프리세Prissé, 그리고 솔뤼트르 코뮌에 해당하며, 아래쪽 절반은 샨느Chânes, 샤슬라Chasselas, 레느Leynes, 그리고 쌩-베랑이 위치한다.

샤르도네 품종으로 화이트 와인만을 생산하는 쌩-베랑 와인은 전형적으로 드라이하지만 다른 부르고뉴 화이트 와인들보다는 풀바디를 갖고 있다. 어린 와인은 흰색의 핵과와, 흰 꽃 향의 아로마를 띠고 있으며, 숙성 시간이 길어짐에 따라 그 향에 달콤함과 견과류 향이 더해진다. 가장 최고급의 와인은 부싯돌의 잔잔한 향 또한 즐길 수 있는데, 이는 미네랄과 플린트가 함유된 아로마 향으로 부르고뉴 화이트 와인에 있어 매우 소중히 여겨지는 특성이다.

쌩-베랑의 기후는 대부분의 부르고뉴 지방보다는 더운 편으로 샤블리 지역과 같은 곳에서 포도 덩굴에 커다란 위협이 되는 늦서리의 피해로부터는 자유로운 편이다. 인접해 있는 뿌이-퓌세의 경사지보다는 석회질 함량이 적은 토양을 가지고 있으며 백악질의 점토가 일정한 비율로 섞여있는데, 특히 작은 크론Crosne강과 알로아Arlois강을 따라 위치한 포도밭의 토양에서 두드러지게 나타난다.

쌩-베랑은 보졸레 지방의 북쪽 가장자리 와인과 미묘하게 겹친다. 예를 들어 쌩-따무르Saint-Amour는 널리 알려진 고품질의 레드 와인인 보졸레 크뤼 와인과 함께 '쌩-베랑'의 라벨을 달고 있는 화이트 와인을 생산한다. 재배면적은 735.38헥타르에 이른다.

❸ 뿌이-퓌세 Pouilly-Fuissé

마꼬네 지역 최상의 화이트 와인으로 꼬뜨 드 본의 훌륭한 와인에 견줄만하다. 뿌이-퓌세 와인은 샹트레Chaintré, 퓌세, 솔뤼트르 뿌이Solutre-Pouilly 그리고 베르지송Vergisson에서 샤르도네만 사용해서 화이트 와인을 만든다. 전형적인

뿌이-퓌세 와인은 잘 익은 포도로 만들어 풀바디에 우아한 풍미를 가진다.

뿌이-퓌세의 역사는 공식적으로는 1936년에 AOC로 지정되었다. 현재는 756.71헥타르이 중 158.22헥타르가 프리미에 크뤼의 해발 200~300미터의 언덕에 위치한 포도밭으로 화강암을 기반으로 한 석회질이 풍부한 점토질의 토양에서 포도를 재배한다. 해발 495미터의 석회암으로 약 2억 년 전에 생성된 경사면인 솔뤼트르는 포도 경작지의 중심부이면서도 가장 높은 위치에서 지역 포도원 전체를 내려다보고 있다.

뿌이-퓌세라는 와인 명칭은 특정 포도원의 이름을 따서 완성된다. 가장 흔히 인용되는 예로는 라 로세La Roche, 레 빈느 블랑세Les Vignes Blanches, 오 샤일룩Aux Chailloux, 레 크레Les Crays, 레 무레Les Mures, 끌로 드 록Clos des Rocs 그리고 라 꼴로뉴La Colonge가 있다. 그동안 이곳에는 프리미에 크뤼 등급이 없었는데 뿌이-퓌세의 22개 마을이 2020년 11월에 프리미에 크뤼로 승격이 되었다. 따라서 2020년 빈티지부터 프리미에 크뤼의 표기가 가능해졌다. 전체 면적 중 158.22헥타르가 프리미에 크뤼의 끌리마이다.

❹ 뿌이-로셰 Pouilly-Loché, 뿌이-뱅젤르 Pouilly-Vinzelles

 마꽁시의 서쪽에 자리한 로셰와 뱅젤르의 코뮌은, 뿌이-퓌세 중심부의 바로 동쪽에 있다. 뿌이-로셰 및 뿌이-뱅젤르 명칭은 명성이 높은 '뿌이-퓌세'와 연합하기 위해 만들어졌다. 와인은 드라이한 특징이 있으며 샤르도네 품종으로 화이트 와인만 생산한다.

 뿌이-로셰는 작은 로셰 마을 행정구역상 마꽁시의 교외지역에 해당을 둘러싸고 있는 땅에서 마꼬네 지역 전체에서도 가장 최상급의 와인들을 생산해 낸다.

 뿌이-뱅젤르는 서로 인접한 3개의 성으로 유명한데, 이 중 더 오래된 성은 12세기에 지어졌고, 17세기에 지어진 성을 둘러싼 포도밭에서 재배된 샤르도네로 화이트 와인만을 생산한다. 여기 와인은 적당한 미네랄리티와 과일 향이 나며 일반적으로 오크통에 숙성하여 전형적인 부르고뉴 스타일의 화이트 와인과 유사하다.

석회암 언덕 지역의 남동쪽 코너 부근에 위치하고 있으며, 뿌이 지역 중에서도 가장 최고급의 포도밭이 이 경사면 위에 자리하고 있다. 이곳의 기후는 적정한 대륙성 기후로, 부르고뉴의 반대쪽 끝에 위치한 샤블리 지역의 기후보다는 여름이 따뜻한 편이고 늦서리의 위험이 적다. 재배면적은 뿌이-로셰가 34.1헥타르이며 뿌이-뱅젤르는 59.72헥타르이다.

부르고뉴 와인협회 정보 https://www.bourgogne-wines.com/에 따르면, 2024년 11월 18일 뿌이-로셰에서 1개, 뿌이-뱅젤르에서 3개의 끌리마가 프리미에 크뤼로 승격되었으며, 2024년 빈티지의 라벨부터 '프리미에 크뤼' 표기가 허용되고 있다. 그 4개의 끌리마는 다음과 같다.

뿌이 로셰	Pouilly-Loché premier cru Les Mûres(레 무레)	blanc
뿌이 뱅젤르	Pouilly-Vinzelles premier cru Les Longeays(레 롱제)	blanc
	Pouilly-Vinzelles premier cru Les Pétaux(레 삐또)	
	Pouilly-Vinzelles premier cru Les Quarts(레 까르)	

개요

부르고뉴는 복합적이고 포괄적인 아뻴라시옹 시스템을 갖고 있다. 부르고뉴 와인은 프리미에 크뤼와 그랑 크뤼 타이틀을 포함하여 800개 이상의 아뻴라시옹이 있다. 특정 지역, 특정 마을, 혹은 특정 포도밭 단위로 아뻴라시옹 타이틀이 주어질 수 있으며, 때로는 여러 지역의 포도밭을 포괄하여 아뻴라시옹이 형성될 수 있다.

부르고뉴에서 생산되는 다양한 와인 스타일을 수용하기 위해서 7개의 핵심적인 부르고뉴 레지오날 아뻴라시옹이 있다. 부르고뉴 그 자체, 부르고뉴 알리고떼, 크레망 드 부르고뉴, 부르고뉴 무쎄, 꼬또 부르기뇽부르고뉴 그랑 오디네르/부르고뉴 오디네르, 부르고뉴 빠스-뚜-그랭, 그리고 마꽁과 마꽁-빌라주이다. 전장에서 설명한 마꽁과 마꽁-빌라주를 제외한 6개 부르고뉴 레지오날 AOC는 다음과 같다.

 샹볼 뮈지니 프리미에 크뤼 레 자무르즈 포도밭과 멀리 보이는 부조 마을 전경

제9장

부르고뉴 지방 명칭 와인
Régional AOC

1.
부르고뉴 AOC 와인
Bourgogne

레지오날 등급의 부르고뉴 와인은 부르고뉴 전 지역을 아우르는 지역적이고 광범위한 아뺄라시옹 명칭이다. 부르고뉴 AOC 와인은 부르고뉴의 약 300개 코뮌에서 재배된 포도로 만들 수 있다. 부르고뉴의 마을 단위 아뺄라시옹과 달리, 부르고뉴 AOC는 레드, 화이트, 로제 와인을 모두 커버한다.

각각의 부르고뉴 아뺄라시옹은 와인의 색상에 따라서 구분된다. 부르고뉴 루즈레드와 로제는 거의 피노 누아로 만들고 일부 욘 지방에서는 세자르가 추가되기도 한다. 부르고뉴 블랑은 화이트 포도 품종인 샤르도네로 생산한다. 부르고뉴 AOC 와인 등급은 빌라주, 프리미에 크뤼 그리고 그랑 크뤼 아뺄라시옹으로 구분되는 등급 체계에서 엔트리 급이라는 포지셔닝을 통해 해외 시장에서 부르고뉴 와인을 단계적으로 알리는 효과를 기대하고 있다.

와인 특성
레드 와인: 서로 다른 여러 마을에서 생산된 와인은 다양한 특징을 보여줄 수 있으나, 많은 공통적인 특징을 갖고 있다. 시각적으로는 풍부한 색감으로, 처음에는 진홍색이지만, 숙성이 되면 어두운 루비색이 된다. 딸기, 체리, 블랙커런트, 빌베리 등의 아로마가 나타난다. 숙성되면 말린 자두, 후추 향, 동물 향,

덤불, 이끼, 버섯 향 등이 나타나기도 한다. 대체로 밸런스가 적당하고 탄닌과 과일 맛이 공존하며, 적당한 바디감이 잘 조화를 이룬다. 재배면적은 레드가 1,681.51헥타르이며 로제는 35.78헥타르이다.

아로마틱한 샐러드, 고기 또는 가금류 타르트, 갈아놓은 쇠고기 또는 고기 채소 수프 등 섬세한 음식과 잘 어울린다. 참치 등 붉은 살 생선과 함께하는 레드 와인을 선호하는 사람을 위한 적절한 선택이 되어준다. 자연스러운 우아함은 송아지 고기, 차가운 중동식 채소 샐러드 혹은 고다와 같은 딱딱한 치즈와도 잘 어울린다. 서빙 온도는 젊은 와인의 경우엔 12~14도, 좀 더 숙성된 와인은 14~16도 정도가 적당하다.

화이트 와인: 종종 그린 컬러를 띠기도 하지만 옅은 골드 빛깔과 맑고 깨끗한 느낌이 특징이다. 욘 지역에서는 부르고뉴 블랑이 부싯돌 혹은 느타리버섯의 아로마를 발산하기도 한다. 꼬뜨 도르에서는, 버터, 고사리, 향신료 그리고 달콤한 헤이즐넛 향이 나타난다. 손-에-루아르 지역에서는 아카시아, 산사나무 같은 흰 꽃 향, 부싯돌 향이 풍부하다. 맛은 섬세하고 적당한 밸런스와 바디감으로 대체로 일관성을 유지하는 편이다. 재배면적은 1,194.07헥타르에 이른다.

부르고뉴 블랑은 거의 모든 식재료와 어렵지 않게 좋은 조화를 이룬다. 입맛을 돋우는 식전 드링크로도 좋다. 생선, 조개류 요리와 잘 어울린다. 딱딱하거나 부드러운 다양한 치즈뿐만 아니라 양파 타르트와도 좋은 궁합을 보여준다. 서빙 온도는 11~13도가 적당하다.

떼루아

레지오날 등급의 부르고뉴 레드 와인은 명망 높고 가까운 이웃 마을 AOC와 불과 수백 미터 혹은 수십 미터 정도 떨어져서 작게 분리된 경우도 있다. 포도밭은 대체로 약간의 진흙과 이회토가 섞인 석회질 토양을 기반으로 하는 가파른 경사면 또는 평지에 위치해 있다.

화이트 와인용 포도는 대부분 비탈길 기슭에서 재배한다. 토양의 특성은 각각의 지리학적 상황에 따라 달라진다. 꼬뜨 도르에서는 토양이 약간 하얗거나 밝은 회색의 이회토 그리고 이회암의 석회석이다. 토양 속에 특별히 돌이 많지는 않다. 그에 반해서, 욘 지역은 경사진 석회석이 기본이며 때때로 백악질이다. 한편, 꼬뜨 샬로네즈와 마꼬네에서는 부서진 석회석과 진흙 이회토로 구성된 토양이 기본이며, 손-에-루아르주의 남부에서는 화강암 성분이 근간을 이룬다.

2. 부르고뉴 알리고떼 와인
Bourgogne Aligoté

부르고뉴 알리고떼는 1937년에 AOC로 인정되었으며, 알리고떼 포도 품종으로 만드는 화이트 와인을 위한 부르고뉴 레지오날 아뻴라시옹이다. 알리고떼 포도는 17세기 이래로 손-에-루아르, 꼬뜨 도르, 욘 등 부르고뉴 곳곳에서 널리 재배되었다. 그러나, 점차 국제적으로 더욱 유명한 샤르도네에게 부르고뉴 화이트 와인 품종의 대표 자리를 내주었다. 알리고떼 재배면적은 1,619.61헥타르로 부르고뉴 전체 생산량의 6.5%를 차지하며, 일반 화이트 와인뿐만 아니라 크레망 드 부르고뉴 스파클링 와인에 사용되기도 한다.

부르고뉴 알리고떼 와인은 일반적으로 스테인리스 탱크에서 만들어지고, 스타일에 있어서 상쾌하고 프레시하다. 상대적으로 높은 산도가 있기에, 말로락틱 발효 과정을 거치더라도 다소 자극적이라고 느껴질 수 있다. 그러나 이러한 신선함이 알리고떼를 위한 틈새시장을 형성했다. 꼬뜨 샬로네즈 북쪽의 부즈롱 마을은 부르고뉴 알리고떼 와인으로 유명해졌고, 1998년에 그 자체로 특정한 AOC 자격을 인정받게 되었다.

와인 특징
부르고뉴 알리고떼는 알리고떼 포도로 만들어진, 신선하고 스타일리시하고 맛있는 화이트 와인이다. 샤르도네보다 더 크고 더 많은 포도알로 생산량이 많은 포도 품종이다. 색상은 연한 골드빛을 띠고 밸런스가 좋으며 사과와 레몬의 과일 향과 흰색 계열의 꽃 향이 난다. 입안에서 생기가 넘치는 이 와인은 입맛을 돋우어 준다.

부르고뉴 알리고떼는 전통적으로 블랙커런트 크림 등과 혼합하여 키르^{Kir, 와인을 베이스로 한 칵테일} 음료와 연관되었는데, 화이트 와인 그 자체로도 즐길 가치가 있다. 그릴된 생선과 잘 어울리고, 활기찬 시트러스 향은 짭조름한 굴이나 진한 염소 치즈와도 잘 어울린다. 부르고뉴 알리고떼는 채소 샐러드 혹은 스팀 조리된 채소와 좋은 궁합을 이룬다. 또한 빵, 과자, 갈릭 버터와 햄 등을 곁들인 달팽이 요리, 파슬리 아스픽^{aspic}의 차가운 햄 테린과도 잘 어울린다. 서빙 온도는 11~12도 정도가 적당하다.

떼루아

알리고떼 포도 품종은 매우 다양한 와인 재배 지역에서 경작되기에 다양한 떼루아의 특성을 반영한다. 일반적으로 석회석 토양에서 잘 자라고 이회토 혹은 진흙과도 잘 어울린다. 알리고떼는 상당히 경사진 언덕과 더 높은 고도에도 잘 재배된다.

3.
크레망 드 부르고뉴 와인
Crémant de Bourgogne

크레망 드 부르고뉴는 부르고뉴의 화이트와 로제 스파클링 와인을 위한 아뺄라시옹으로, 스파클링 레드 와인인 부르고뉴 무쒜를 보완하기 위해 1975년 10월에 만들어졌다. 스파클링 부르고뉴의 역사는 19세기 초반으로 거슬러 올라가며, 샤블리, 뉘-쌩-조르주, 륄리 그리고 또네르 등에서 시작되었다. 그때 이래로 지속적인 발전을 이어가고 있으며, 생산 지역은 부르고뉴 아뺄라시옹과 동일하다. 크레망 드 부르고뉴는 부르고뉴 전 지역의 다양한 포도 품종으로 만들 수 있지만, 대체로 피노 누아와 샤르도네 품종을 사용하여 발포성 와인의 전통적 제조 방식으로 만든다. 보조 품종으로 가메최대 20% 이내, 알리고떼, 믈롱Melon, 사시Sacy 품종이 있다. 재배면적은 2,981.64헥타르에 이른다.

당도의 레벨이 브뤼brut, dry에서부터 드미-섹demi-sec, medium dry까지, 다양하게 생산된다. 화이트 크레망 드 부르고뉴 중에서, 샤르도네, 알리고떼, 믈롱Melon 드 부르고뉴, 피노 블랑 등의 화이트 품종으로만 만들어진 경우에는 블랑 드 블랑이라 칭하고, 피노 누아, 가메 등의 레드 와인 품종으로만 만들어진 경우에는 블랑 드 누아라고 부른다.

크레망 드 부르고뉴 떼루아는 상당히 다양하다. 왜냐하면 부르고뉴 전체적으로 거의 400여 개 지역과 마을을 포함하고 있기 때문이다. 북쪽 샤블리 근처의 차가운 백악질 토양의 와인은 남쪽의 따뜻한 기후와 화강암이 주를 이루는 토양에서 생산된 와인과는 상당히 다를 수밖에 없다.

부르고뉴 스파클링 와인은 19세기 초에 처음으로 나타났다. 그때 당시 최상의 제품은 오늘날 그랑 크뤼로 분류되는 포도밭에서 생산되었다. 현대에 와서는 부르고뉴 그랑 크뤼 포도밭은 고가의 스틸 와인을 생산하게 되었고, 명망 있는 스파클링 와인의 생산은 더 북쪽에 위치한 샹파뉴 지역의 포도밭이 장악하게 되었다.

와인 특징

일반적으로 신선하고 활기찬 와인이다. 좋은 와인은 시간이 갈수록 좋은 와인의 특징을 나타내며, 잘 만들어진 브뤼 와인은 활기차고 투명한 특성을 잘 반영해 준다. 쌉쌀한 맛, 활기찬 맛이 부드러움을 만들고, 새로운 맛의 인상과 달콤한 맛의 여운을 준다.

화이트는 일반적으로 화이트 골드 색상이다. 버블은 미세하고 글라스 가장자리 주변에 미세한 띠를 형성하기도 한다. 꽃 향이 두드러지며, 시트러스하고 미네랄이 풍부한 아로마가 입안에서 잘 조화를 이루어 신선함과 우아함을 느끼게 한다. 적절한 산도와 바디감은 이상적인 밸런스를 제공한다.

블랑 드 블랑은 흰 꽃, 시트러스 과일 혹은 그린 애플의 향을 갖고 있다. 시간이 지나면서 토스트 향으로 발전하고, 살구나 복숭아 같은 핵과 과일 향으로 이어진다. 블랑 드 누아는 체리나 베리 종류의 작은 과일 향을 발산한다. 입안에서 파워풀하고 길고 지속적인 여운을 보여준다. 시간이 지날수록 매력이 더해지며 말린 과일 향, 꿀, 향신료 혹은 육두구 향이 나타난다. 가메 품종을 블렌딩하기도 하지만, 피노 누아 품종을 위주로 만들어진 로제는 핑크 골드 색상을 띠고 있다. 이는 붉은 과일의 미묘한 아로마를 지닌 섬세한 와인이다.

음식과의 조화

크레망 드 부르고뉴가 완벽한 식전 드링크일지라도, 이것 또한 음식과의 조화를 생각하지 않을 수 없다. 화이트는 배와 말린 과일을 넣은 스튜, 가금류 요리와 잘 어울린다. 블랑 드 블랑에는 가리비 혹은 민물고기가 조화를 이룬다. 블랑 드 누아는 소꼬리찜 혹은 감자를 곁들인 달팽이 요리와 어울린다. 또한 블랑 드 누아는 살찌운 암탉과 같은 가금류의 이상적인 파트너이다.

로제는 디저트 와인으로 최상의 선택이고, 파워풀한 꽃 향을 가지고 있어서 아이스크림과 잘 어울리며, 식사가 끝날 때까지 신선함을 선사한다. 페이스트리와 이상적인 파트너이며, 붉은 과일의 셔벗과 더 이상 좋을 수 없다. 서빙 온도는 식사 전 드링크 혹은 디저트 와인으로는 4~8도, 메인 식사와는 6~9도가 적절하다.

4.
부르고뉴 무쒜 와인
Bourgogne Mousseux

부르고뉴 무쒜는 1934년에 지정된 부르고뉴의 스파클링 레드 와인을 말한다. 부르고뉴 무쒜 아뺄라시옹의 토양은 부르고뉴 북쪽 샤블리 근처 서늘한 지역의 백악질의 토양부터, 론 행정구역에 있는 보졸레의 온화한 지역의 화강암 토양까지, 거의 400여 코뮌을 커버한다.

부르고뉴 무쒜 와인에 사용되는 주요 포도 품종은 피노 누아와 가메이다. 부르고뉴의 가장 북쪽에 위치한 욘에서는 드물게 세자르 품종을 사용하기도 한다. 그리고, 샤르도네, 피노 블랑 그리고 소량의 피노 그리가 부르고뉴 무쒜 와인에 사용될 수 있다. 부르고뉴의 또 다른 스파클링 와인 아뺄라시옹은 크레망 드 부르고뉴이고, 이는 화이트와 로제 와인을 위해서만 사용된다.

5.
꼬또 부르기뇽 와인
Coteaux Bourguignons

꼬또 부르기뇽은 2011년에 만들어진 가장 최근의 부르고뉴 레지오날 아뺄라시옹이다. 부르고뉴 여러 재배 지역에서 생산하는 레드, 화이트 그리고 로제 와인을 모두 포함한 AOC이다. 이 명칭은 가장 많이 소비되는 데일리 와인에 적용되는데, 여러 품종을 블렌딩하거나 단일 품종으로도 만들기도 한다. 1937년에 취득한 부르고뉴 그랑 오디네르 AOC 또는 부르고뉴 오디네르 AOC가 마케팅 효과를 기대하는 등의 이유로 2011년에 명칭이 변경되었다. 레지오날 와인 등급 중에서 가장 아래에 위치하며 양조 조건도 제일 느슨하다. 재배면적은 레드와 로제가 209.23헥타르이며 화이트는 24.62헥타르이다.

레드 와인은 주로 피노 누아와 가메 품종으로 만든다. 부르고뉴 북쪽 욘 지역에서는 세자르 품종이 사용되기도 한다. 화이트 품종은 샤르도네, 알리고떼, 믈롱 드 부르고뉴, 피노 블랑 그리고 피노 그리 등이다. 화이트 품종은 레드 와인 블렌딩에 일부 사용될 수 있으나, 최대 15%까지만 허용된다.

꼬또 부르기뇽 아뺄라시옹으로 생산되는 로제 와인은 부르고뉴 로제 또는 부르고뉴 끌레레Clairet라고도 불린다. 이들은 레드와 화이트 품종을 블렌딩해서 만든나.

와인 특징

토양 및 포도 품종의 다양성이 이 아뻴라시옹에 풍부한 과일 향과 더불어 매혹적인 와인의 특성을 부여한다. 부드럽고 과일 향이 풍부한 레드 와인은 중간 정도 아로마틱한 음식 혹은 섬세한 흰 살 고기와 잘 어울린다. 가금류, 토끼고기와 조화를 이루며, 파스타, 토마토 소스의 라이스 혹은 찐 채소류와 잘 어울린다. 섬세한 탄닌을 지녔으므로 생선류와도 잘 맞는다. 서빙 온도는 12~14도 정도가 적당하다. 로제는 찐 채소류 등과 좋은 궁합을 보여준다. 화이트는 딱딱한 치즈, 튀기거나 데친 생선과 잘 어울리며, 합리적인 가격의 우수한 와인이다. 서빙 온도는 11~13도 정도이다.

떼루아

부르고뉴 북쪽에 있는 주와니 주변의 백악질 토양에서부터 남쪽 부르고뉴의 화강암 지대까지 다양하게 펼쳐져 있다. 하지만, 이 아뻴라시옹의 대부분은 석회암이 풍부하고 점토와 석회가 어우러진 이회암 토양이라는 것을 잊지 말아야 한다.

6.
부르고뉴 빠스-뚜-그랭 와인
Bourgogne Passe-Tout-Grains

부르고뉴 빠스-뚜-그랭 와인은 지역적인 규제가 제일 적은 생산 조건하에서 만들어지는 부르고뉴 레드와 로제를 위한 아뻴라시옹으로, 1937년에 인정되었다. 이 와인의 재배 지역은 모든 부르고뉴와 몇몇 이웃하고 있는 론 행정구역을 포함하여, 300여 개의 코뮌에 펼쳐져 있다. 이 와인은 일상적인 소비를 위한 것이고, 부르고뉴가 제공해야 하는 최소한의 '품질' 기준으로 여겨진다. 용어, 빠스-뚜-그랭은 말 그대로 '모든 포도가 허용된다 pass all grapes'라는 것을 의미한다.

포도 품종은 대개 가메와 피노 누아의 혼합이지만, 화이트 품종인 샤르도네, 피노 블랑, 그리고 피노 그리 또한 와인의 최대 15%까지는 허용된다. 단, 피노 누아는 적어도 3분의 1 이상 포함되어야 하며, 가메는 3분의 2가 상한이다. 이 두 가지 품종의 혼합은 상당한 기술이 필요하며, 블렌딩은 양조통 안에서 이루어진다. 전형적인 부르고뉴 빠스-뚜-그랭 와인은 복잡하지 않으며 투박한 스타일이다. 재배면적은 레드가 211.89헥타르이며 로제는 2.26헥타르에 머문다.

양조 과정에서 탄소 침용 방법은 탄닌을 부드럽게 하고 더 프레시하고 과일향이 강한 요소를 제공하기 위하여 아뻴라시옹 규정하에 허용된다. 상당히 추운 해에는 와인 제조에 부족한 알콜을 보충하도록 설탕 첨가 또한 어느 정도까지는 허용된다. 한편, 제조 조건이 일반적으로 매우 느슨하기는 해도 오크 칩 사용은 금지되어 있다.

와인 특성

스타일은 생산 지역에 따라 다르다. 그리고 그 품종 구성에 있어서 가메와 피노 품종의 상대적 비율에 따라 다르다. 색상은 대체로 연보랏빛과 자홍색을 띤다. 가볍고 신선하고 잘 익은 와인의 특징이다. 와인의 생기는 주로 가메 품종 덕분이며, 그윽하고 청명함을 주는 것은 피노 품종으로부터 기인한다. 와인의 성격은 활기 넘치고 거칠다고 평가된다. 특별한 질감을 선사하며, 덤불, 야생동물, 그리고 브랜디에 담근 체리 향 등으로 발전한다.

부르고뉴 빠스-뚜-그랭 와인은 파이, 차가운 햄과 잘 어울린다. 와인의 미묘한 탄닌 구조는 채소 타르트, 으깬 채소 혹은 토마토 샐러드와도 잘 어울린다. 피크닉과 바베큐에 제공되는 핑거 푸드, 까망베르 같은 부드러운 치즈와도 좋은 마리아주를 보여준다. 서빙 온도는 11~12도가 적절하다.

7.
부르고뉴 지방 명칭 Régional AOC의 보완적 지리명칭
DGC: Dénomination Géographique Complémentaire 와인

부르고뉴 AOC 와인은 부르고뉴 전 지역에서 나는 포도 품종을 사용해서 와인을 만들 수 있다. 그런데 일부 생산자는 자신의 부르고뉴 AOC 와인은 특별하다고 주장하여 보완적 지리명칭DGC으로 라벨에 마을 이름을 추가할 수 있도록 인정되었다. 물론 그 마을에서 생산되는 포도만 사용해서 와인을 만든다. 따라서 일반적인 부르고뉴 AOC보다 좀 더 조건이 까다롭다. 품종은 피노 누아 100% 또는 샤르도네 100%로 와인을 만든다.

DGC 명칭으로 부르고뉴 레지오날 AOC 라벨에 4개의 마을과 4개의 포도밭 장소 이름이 부르고뉴 표기 다음에 붙여질 수 있다. 4개의 마을은 샤블리 부근의 마을들인 쉬트리Chitry, 에피뇌이Épineuil, 꿀랑주-라-비너즈Coulanges-la-vineuse, 그리고 마랑주 남쪽의 꼬뜨 뒤 꾸슈아Côtes du Couchois이다. 4개의 포도밭은 주와니Joigny의 꼬뜨 드 쌩-자끄, 슈노브Chenove의 르 샤피트르Le Chapitre, 라두아-세리니의 라 샤뻴 노트르담 그리고 디종의 몽트르퀴이다.

그리고 부르고뉴 레지오날 AOC 라벨에 특정 하부지역마을이나 포도밭의 이름으로 접미사가 붙여질 수 있는데, 그렇게 DGC 명칭으로 부여된 6개의 소구역이 있다. 6개의 소구역은 꼬뜨 도르, 오뜨-꼬뜨 드 뉘, 오뜨-꼬뜨 드 본, 꼬뜨 도세르, 또네르, 꼬뜨 샬로네즈이다.

상기 14개의 DGC 명칭을 사용하는 부르고뉴 AOC 레지오날 와인은 다음과 같다.

❶ 부르고뉴 꼬뜨 쎙-자끄 와인 Bourgogne Côte Saint-Jacques

부르고뉴 꼬뜨 쎙-자끄는 부르고뉴 아뻴라시옹 중에서 가장 북쪽에 있다. 북부 꼬뜨 쎙-자끄에서 생산되는 레드, 화이트, 로제 와인을 포함한다. 부르고뉴 꼬뜨 쎙-자끄는 1987년에 레지오날 아뻴라시옹으로 지정되었다. 꼬뜨 쎙-자끄 끌리마에서 재배된 포도로부터 독점적으로 만들어져야 한다.

중심 마을 주와니는 꼬뜨 도르 와인 재배 지역보다 파리에서 훨씬 더 가깝기에 파리 사회에서 한때 매우 인기가 많았다. 1995년에 꼬뜨 쎙-자끄는 주와니 근처에 가장 훌륭한 포도밭으로 선정되었다. 오늘날에는 과거 큰 포도밭의 작은 부분만이 남아있으며, 말벡 품종이 한때 지배적인 포도 품종이었다. 그러나 지금 이 지역은 레드와 그리gris 와인을 위해 피노 누아, 피노 그리, 그리고 화이트 와인을 위한 샤르도네와 피노 블랑이 재배된다. 재배면적은 레드와 로제가 11.58헥타르, 화이트가 0.69헥타르로 비교적 소규모이다.

와인 특성

꼬뜨 쎙-자끄 경사지에는 피노 누아의 레드 와인이나 로제 그리고 샤르도네 화이트를 생산하며 심지어는 피노 그리 포도로 만들어진 유명한 와인을 생산한다. 발효 이전에 압착되어서 상쾌한 핑크 색깔을 띤다. 산도가 상쾌하며, 산사나무 꽃향기가 있고, 유쾌하고 맛있는 와인을 생산한다. 특별히 탄닌이 강하지 않은 레드 와인은 구즈베리와 체리 같은 과일 향이 난다. 화이트는 산뜻한 스타일로 짧은 숙성 기간 내에 마시는 것이 좋다.

파리에서 가까운 주와니 마을에서 꼬뜨 쌩-자끄는 와인과 미식의 역사 모두에서 중요한 장소이다. 최근에 이르러 생산자가 포도 재배면적보다는 끌리마의 특징에 집중함으로써 꼬뜨 쌩-자끄는 다시 활기를 띠게 되었다. 해발 135~210미터에 위치한 포도밭 경사지는 남쪽으로 향해있고, 동쪽은 노출되었으며 욘 계곡과 주와니 마을을 향해있다. 언덕 위 숲 덕분에 북쪽으로부터 보호를 받고 있으며, 아랫부분에 존재하는 강은 미세기후를 형성하여, 봄 서리를 피할 수 있게 해준다.

❷ 부르고뉴 꼬뜨 도세르 와인 Bourgogne Côtes d'Auxerre

부르고뉴 꼬뜨 도세르는 1990년에 부르고뉴 가장 북쪽에 있는 오세르 마을의 바로 남동쪽 5개 코뮌에서 생산되는 부르고뉴 AOC 와인에 주어진 레지오날 등급이다. 오세르는 샤블리의 바로 서쪽에 위치하며, 본에 있는 부르고뉴의 와인 재배 핵심 지역으로부터 꽤 떨어져 있다. 부르고뉴 꼬뜨 도세르 와인은 레드, 화이트 혹은 로제이고, 레드와 로제는 피노 누아, 화이트는 샤르도네로 만들어진다.

유명한 샤블리 지역과 마찬가지로, 이곳 포도는 석회질이 풍부한 토양에서 재배된다. 포도밭은 7개 마을의 완만한 언덕에 존재하고, 그중에서 쌩-브리 꼬뮌은 특별히 그 자체로 쌩-브리 빌라주 아뻴라시옹을 갖고 있다. 해발고도는 120~280미터 정도이며, 대륙성 기후는 특히 화이트 와인의 프레시하지만 적당한 바디감을 가지는 스타일의 완성에 기여한다. 재배면적은 레드와 로제가 139.93헥타르, 화이트가 129.68헥타르이다.

와인 특성
레드 와인은 강렬한 루비 색조를 띠며, 아로마는 오래된 포도나무에서 느낄 수 있는 체리, 라즈베리, 검은색 과일의 향을 포함한다. 전체적으로 미묘한 미

네랄 느낌이 특징이다. 풍성하고 꽉 찬 느낌을 주면서 동시에, 부드럽고 원만한 스타일의 와인이다

화이트 와인은 화사한 골드 컬러를 띠며, 때로는 살짝 연둣빛을 띠기도 한다. 아몬드, 헤이즐넛, 흰색 꽃의 아로마를 드러낸다. 이 호감 가는 와인은 산뜻하면서도 우아한 미네랄 풍미를 보여준다. 숙성이 진행될 경우, 말린 과일 향과 넝쿨 식물 향으로 발전하여 좀 더 풍성한 아로마를 발산한다.

떼루아

오세르 포도밭은 욘강의 양쪽에 위치한다. 쌩-제르멩 수도원과 파리에서 가깝기에 오랜 역사를 자랑하며, 현대에도 여전히 좋은 평가를 유지한다. 토양은 석회암, 점토, 석회질 점토 등으로 쥐라기의 키메리지안, 포틀랜디언 토양으로 구성되어 있다. 해발고도 120~280미터에 위치하며 욘의 경사면과 계곡에 위치하며 남향, 남동향, 남서향의 다양한 방향으로 향하고 있다.

❸ 부르고뉴 에피뇌이 와인 Bourgogne Épineuil

부르고뉴 에피뇌이 마을은 샤블리 동쪽에서 가까운 욘 지역에 있다. 그곳 코뮌 중 하나인 에피뇌이는 1990년에 레드와 로제 와인에 대해서 Bourgogne AOC 레지오날 등급으로 그 자체 이름을 인정받는 권리를 정식으로 획득했다. 이 지역의 수도원은 그 명성이 중세 시대까지 거슬러 올라가는 고품질의 와인을 오랜 시간 동안 생산하였으며, 주로 파리에 와인을 공급하였다. 본에 있는 부르고뉴 와인 핵심 재배 지역까지는 동남쪽으로 100킬로미터가량 거리를 두고 있다. 오늘날 이곳의 좋은 와인은 대중화에 어느 정도 성공을 거두고 있다.

부르고뉴 에피뇌이 와인은 부르고뉴의 대표 포도 품종으로 만들어진다. 즉, 레드를 위한 피노 누아, 로제 와인을 위한 피노 누아와 피노 그리로 생산된다.

재배면적은 레드가 87.69헥타르이고 로제는 7.82헥타르이다.

와인 특성

피노 누아의 레드 와인은 천사의 날개에 비유될 정도로 가벼운 느낌의 와인이다. 아로마는 딸기, 체리, 구즈베리 등의 붉은색 과일로 구성된다. 또한 검은색 과일, 즉, 블랙베리, 블루베리, 블랙커런트 등이 느껴지기도 한다. 와인의 구조감은 벨벳 촉감의 부드러운 탄닌을 보여주며, 부르고뉴 레드의 전형성을 드러낸다. 로제는 피노 누아 혹은 피노 그리 포도로 만들어지는데, 에피뇌이는 그 로제의 신선함과 부드러움으로 유명하다. 적당한 바디감이 있지만 쾌활한 스타일도 함께 가지고 있다. 서빙 온도는 레드가 13~14도 정도이며 로제는 11~12도가 적절하다.

떼루아

에피뇌이 포도나무는 샤블리 지역과 유사한 석회암이 풍부한 토양에서 자란다. 포도밭은 대부분 남향의 비탈길에 위치하며 해발고도 140~265미터에 자리 잡고 있다. 가파른 언덕과 계곡으로 분산된 포도밭의 포도나무는 대초원의 차가운 바람으로부터 보호받으면서 미세기후의 혜택을 누리고 있다.

❹ 부르고뉴 또네르 와인 Bourgogne Tonnerre

또네르 포도밭은 샤블리 동쪽으로 약 16킬로미터 떨어진 아르망콩Armancon 강 계곡에 위치해 있다. 이 부르고뉴 와인 산지 타이틀은 2006년에 공식 인정된 부르고뉴 AOC의 레지오날 등급이다. 부르고뉴 또네르 이름으로 화이트 와인을 생산하는 코뮌의 이름은, 다네모인Dannemoine, 에피뇌이, 쥬네Junay, 몰로즘Molosmes, 베지느Vezinnes, 그리고 또네르 코뮌이다. 또네르 지역의 와인 재배는 9세기부터 활발했으며 와인 생산량이 떨어진 1870년~1890년 필록세라 위기 때까지 이어졌다. 샤르도네 100%로 만든 화이트 와인만 생산 가능하다.

와인 특징

샤르도네 품종으로 만드는 또네르 와인은 샤블리처럼 스타일에 있어서 드라이하고 약간 아로마틱하다. 가장 최상의 와인은 꽃 향, 과일 향에 풍부한 미네랄리티가 느껴진다. 또네르 와인은 샤블리 와인과 유사하여 산도감과 미네랄리티가 풍부한 와인으로 노랑 또는 옅은 녹색을 띠는 화이트에 레몬, 아카시아 꽃, 서양배, 복숭아, 핵과일, 아몬드 등이 주요 아로마이며 때로는 파인애플, 패션프루트의 아로마도 나타난다. 과일 향이 잘 느껴지는 짧은 숙성 기간 내에 마시는 것이 적당하나 3~5년 정도 숙성 가능하며 서빙 온도는 12~14도가 적당하다. 재배면적은 86.25헥타르에 이른다.

떼루아

또네르의 지형은 해발 200~300미터에 남동향의 골짜기에 비교적 비바람이 들이치지 않는 지형이다. 토양은 주로 키메리지안의 이회토, 석회암과 포틀랜디언 시대의 석회암으로 구성되어 있다.

❺ 부르고뉴 쉬트리 와인 Bourgogne Chitry

부르고뉴 쉬트리는 샤블리의 남서쪽 오세루아 지구에 위치한 매우 오래된 포도 재배 마을이다. 1993년에 부르고뉴 쉬트리Bourgogne Chitry라는 이름으로 Bourgogne AOC 레지오날에 합류했다. 레드, 화이트, 드물게 로제가 있다. 포도가 심어진 경사면 밑에 마을이 있고 13세기에 건립되어 요새화된 교회가 남아있다.

부르고뉴 쉬트리의 레드와 로제는 피노 누아로 만들어지며 화이트는 샤르도네로 만들어진다. 재배면적은 화이트가 57.87헥타르, 레드와 로제가 35.5헥타르이다. 라벨에서 Chitry는 Bourgogne의 바로 뒤에 붙여서 표기해야 한다.

와인 특성

샤르도네로 만드는 부르고뉴 쉬트리 화이트 와인은 황금색에 약간의 녹색이 있기도 하다. 아로마는 산사나무, 인동 등의 꽃 향과 라임, 자몽 등의 과일 향과 잘 섞여있고 부싯돌을 부딪친 향이 조금 있다. 맛은 밸런스와 조화가 좋고 산도도 적당해서 다년간 숙성도 가능하다. 전채 요리와 잘 어울리며 특징이라

고 할 수 있는 미네랄이 충분히 있어서 해산물, 갑각류, 달팽이, 내장을 사용한 소시지 등과 잘 어울린다. 서빙 온도는 10~12도가 적당하다.

피노 누아로 만드는 레드는 체리, 라즈베리, 카시스 등의 아로마가 있고 세련된 루비색을 띠고 있다. 입에 머금으면 심플한 구조감과 부드러운 탄닌, 충분한 과일 향이 기분 좋게 전해진다. 부드럽고 섬세한 탄닌 덕분에 채소 요리, 파테 pâté, 그릴 구이 고기 등과 잘 어울린다. 서빙 온도는 15~16도가 적당하다.

떼루아

쉬트리의 포도밭은 마을이 있는 계곡 주변의 경사면에 있다. 북북서에서 남남동을 향하고 있다. 경사면은 쥐라기 후기의 키메리지안 토양으로 점토석회질은 최적의 포도 경작 환경이다. 여기는 샤블리와 매우 가까워 비슷한 토양에 해당된다.

❻ 부르고뉴 꿀랑주-라-비너즈 와인 Bourgogne Coulanges-la-Vineuse

부르고뉴 꿀랑주-라-비너즈 아뻴라시옹은 본의 북서쪽 110킬로미터 인근에 위치하며 샤블리 남서쪽 오세르 지방의 욘강 왼쪽에 위치하고 있다. 7개 코뮌에서 생산된 레드, 화이트, 로제 와인에 대해 1990년에 AOC 레지오날 등급으로 정해졌다. 대륙성 기후로 화이트 와인의 프레시하고 강인한 스타일에 기여한다. 레드와 로제가 116.47헥타르, 화이트가 20.65헥타르에서 재배되고 있다.

와인 특성

와인은 주로 피노 누아로 만든 레드 와인이다. 이웃하고 있는 이랑시 와인보다 더 가벼운 스타일의 와인이다. 처음 3~4년 이내의 와인은 매우 산뜻하며, 과일 향을 즐길 수 있다. 그러나 좀 더 숙성된 와인은 한층 더 매력을 발산한다. 색상은 루비와 심홍색 사이로 변하게 되며, 아로마는 블랙커런트와 야생딸기,

체리, 장미, 라즈베리, 때로는 감초, 페퍼 등이 나타난다. 와인의 맛은 균형이 잘 잡혀있으며 적당한 탄닌과 비교적 긴 여운이 이어진다.

피노 누아 포도로 만드는 로제는 붉은 베리 향과 미네랄이 신선하게 혀를 감싸는 스타일의 와인이다. 샤르도네로 만드는 화이트 와인은 꿀랑주 포도밭 전체에서 아직도 소량 재배되는 전통적인 와인이다. 색상은 연한 노랑 또는 연한 골드색이다. 신선하고 활기찬 스타일의 와인으로 서양배, 복숭아, 꿀, 브리오슈 풍미, 열대 과일 등의 아로마를 가진다.

떼루아

꿀랑주-라-비너즈와 그 연관된 마을은 오랜 와인 역사를 갖고 있다. 거의 2,000년 전 갈로-로만 당시의 포도밭 유적지가 1993년에 발굴되었다. 이곳의 포도밭은 남향, 남동향 방향으로 완만하게 경사진 언덕이 많은 지형으로, 석회암, 점토, 이회토가 섞인 키메리지안 토양에 해발고도 155~310미터에 위치하고 있다.

❼ 부르고뉴 꼬뜨 도르 와인 Bourgogne Côte d'Or Wine

부르고뉴 꼬뜨 도르 아뺄라시옹은 2017년에 만들어진 타이틀이다. 이것은 부르고뉴 지역의 중심지를 지칭하는 지리학적 분류가 하나 더 추가된 것으로 이해된다. 부르고뉴 꼬뜨 드 본과 꼬뜨 드 뉘의 40개 마을에서 생산되는 레드와 화이트를 포괄한다. 와인은 샤르도네와 피노 누아로만 만들어진다. 재배면적은 레드가 340.4헥타르, 화이트가 195.57헥타르이다.

부르고뉴 꼬뜨 도르 와인은 신생 포도밭을 발전시키는 데 도움을 줄 수 있고, 부르고뉴에서 덜 알려진 마을이나 포도밭에서 동등한 명칭으로 만들어진 와인을 전파시키는 데 도움이 된다. 기본적으로, 왜 부르고뉴 피노 누아 혹은 샤르도네가 다른 것보다 상대적으로 더 비싼지를 설명해 주는 해답이 될 수 있다.

새로운 타이틀에 대한 반응은 다양하고 복합적이었다. 부르고뉴가 이미 충분히 복잡하다고 느껴지는 사람에게는 가격을 올리는 수단이라고 비난을 받기도 했다. 또한 기존의 질서를 옹호하는 사람은 떼루아의 개념을 약화시키는 또 다른 단계라고 여기며 반대하였다. 한편, 부르고뉴를 조금 더 잘 알고 있는 와인 애호가에게는 '꼬뜨 도르'가 가져다주는 상대적인 친근함으로 받아들여졌다. 대규모 네고시앙 회사와 그 지지자들도 좋아하였고, 부르고뉴 AOC 안에서 지리학적 위치를 논할 수 있는 기회와 또 다른 융통성을 환영하는 사람 사이에서도 긍정적인 반응이 나왔다.

❽ 부르고뉴 르 샤피트르 와인 Bourgogne Le Chapitre

부르고뉴 르 샤피트르는 꼬뜨 드 뉘 북쪽 끝 슈노브Chenove 코뮌에 있는 르 샤피트르 포도밭에서 생산되는 레드, 화이트, 로제 와인에 대해 1993년에 부르고뉴 르 샤피트르로 지정되었다. 슈노브 마을은 부르고뉴 디종시의 남쪽 외곽에 위치한다. 와인은 부르고뉴 아뻴라시옹 조건하에서 제조되고 르 샤피트르 끌리마에서 재배된 포도로만 생산되어야 한다. 르 샤피트르 끌리마는 슈노브를 내려다보는 동향의 경사지에 위치해 있다. 재배면적은 5.2헥타르이다.

피노 누아와 샤르도네는 아뻴라시옹의 레드와 화이트 와인을 만드는 데 각각 사용된다. 로제 와인에 사용되는 소량의 피노 그리도 함께 재배된다. 라벨에는 르 샤피트르 단어가 부르고뉴, 부르고뉴 로제 혹은 부르고뉴 끌레레 바로 밑에 위치해야 하는데, 그 단어 크기는 위에 적힌 단어보다 절반 사이즈가 넘지 않는 사이즈로 작성되어야 한다.

❾ 부르고뉴 몽트르퀴 와인 Bourgogne Montrecul

부르고뉴 몽트르퀴는 부르고뉴 디종시의 남쪽 변두리에 위치한 몽트르퀴 포도밭에서 생산되는 레드, 화이트, 로제 와인에 주어지는 아뻴라시옹이다. 와인은 부르고뉴 아뻴라시옹 조건하에서 제조된다. 그리고 몽트르퀴 끌리마에서 재배된 포도만으로 생산되어야 한다. 피노 누아와 샤르도네는 아뻴라시옹의 레드와 화이트 와인을 만들 때 각각 사용되어진다. 몽트르퀴는 1993년에 레지오날 아뻴라시옹 명칭을 부여받았다. 재배면적은 레드가 6헥타르이며 화이트용으로는 아직 재배면적이 없다.

몽트르퀴 단어는 '바닥이나 아래쪽을 보여주다'라는 의미인데, 기계 수확 이전의 시기로 거슬러 올라가서, 가파른 포도밭 경사면으로 인하여 그런 뜻을 지닌 이름이 나왔고, 그 당시 그 지역의 활력과 즐거움의 원천으로 여겨졌다고 한다.

❿ 부르고뉴 오뜨-꼬뜨 드 뉘 와인 Bourgogne Hautes-Côtes du Nuits

부르고뉴 오뜨-꼬뜨 드 뉘는 북부 꼬뜨 도르의 높은 언덕, 오뜨-꼬뜨의 포도밭에서 생산되는 레드, 화이트, 로제 와인을 위하여 1961년에 인정된 부르고뉴 AOC의 레지오날 등급이다. 한때 사라질 뻔했던 높은 언덕 지대의 포도밭은 결국 인정받았고, 그 아래 중간 경사면에 있는 주브레-샹베르탱 마을을 내려다보며 꼬르통 숲까지 펼쳐져 있다. 재배면적은 레드와 로제가 632.45헥타르이고 화이트는 약 151.84헥타르이다.

오뜨-꼬뜨 드 뉘는 야생의 아름다움을 지녔다. 포도밭은 모든 계곡 사이에서 노출된 경사면에 전략적으로 자리 잡고 있다. 이곳의 길들은 구불구불하고 높낮이가 있으며, 자전거로 이동하는 사람을 자주 마주칠 수 있다. 휴가용 시골집 혹은 마을 중심의 숙박시설이 곳곳에 산재해 있고, 테이스팅할 수 있도록 오픈된 셀러를 어렵지 않게 발견할 수 있다. 오뜨-꼬뜨 드 뉘 와인은 대부분은 레드이고 주로 피노 누아로 만든다. 샤르도네는 보통 화이트 와인을 위해 사용되며 생산량의 약 25%를 차지한다. 드물게 피노 블랑과 피노 그리가 화이트 와인에 사용되기도 한다. 피노 누아로 로제 또는 끌레레 와인도 소량 생산한다.

와인 특성

부르고뉴 오뜨-꼬뜨 드 뉘 와인은 여기 와인만의 심오한 특성을 지니고 있다고 평가된다. 색상은 선홍색 혹은 다크 루비색, 때때로 딸기색을 띤다. 체리, 감초, 혹은 제비꽃 아로마를 자랑한다. 와인은 대체로 적당한 바디감과 구조감을 가진다. 주로 샤르도네로 만드는 화이트 와인의 색상은 화이트 골드에서 연한 골드 색상인데, 배럴에서 숙성되면 노랑 황금빛을 띤다. 아로마는 산사나무와 꿀, 사과, 레몬, 광대수염, 그리고 헤이즐넛 향이 조화를 이룬다. 와인 맛은 풍부하며, 적당한 밸런스와 구조감을 보이며, 와인의 숙성 잠재력도 적당히 가지고 있다.

떼루아

275~480미터에 이르는 높은 고도의 오뜨-꼬뜨 드 뉘 포도밭 기후는 동쪽

의 더 낮은 경사면의 기후와는 확실히 다르다. 생산자들은 원활한 포도 재배를 위해 다양한 노력을 기울이고, 포도알이 제대로 익지 못할 경우에는 다소 풍미와 복합미가 떨어지는 와인이 만들어진다. 따라서 이렇게 서늘한 기후의 영향을 최소화하기 위해서, 오뜨-꼬뜨 드 뉘 포도밭은 대부분 남쪽이나 서쪽 방향 비탈길에 심어진다. 그리하여 태양의 가장 따뜻한 광선에 최대한 노출되고자 노력한다.

토양 구성 면에서, 오뜨-꼬뜨 드 뉘 포도나무는 주로 이회암 기층의 장소에 심어진다. 반면, 더 낮은 경사면은 대체로 백악질 토양으로서 전자와 대비된다. 오뜨-꼬뜨 드 뉘 토양은 쥐라기 이래로 침식된 석회암과 이회암 하층토의 복합물에 의해 형성되었다.

⑪ 부르고뉴 라 샤뻴 노트르담 와인 Bourgogne La Chapelle Notre-Dame

부르고뉴 라 샤뻴 노트르담은 부르고뉴 와인 제조 지역 중심지인 꼬뜨 드 본과 꼬뜨 드 뉘의 경계에 위치한, 라두아-세리니 마을 경사지에 자리하고 있는 라 샤뻴 노트르담 포도밭에서 생산되는 레드, 화이트, 로제 와인에 부여되는 아뻴라시옹 타이틀이다. 라 샤뻴 노트르담 끌리마는 1993년에 지정되었으며 같은 시기에 다른 2개의 마을인 몽트르퀴와 르 샤피트르Le Chapitre 또한 레지오날 아뻴라시옹 지위가 주어졌다.

라 샤뻴 노트르담 포도밭은 꼬르통 그랑 크뤼 언덕의 그늘에 위치하며, 더 낮은 경사지에 포도나무가 심어졌다. 피노 누아와 샤르도네는 이곳 아뻴라시옹의 레드와 화이트 와인 각각을 위해서 사용되어진다. 로제 와인에 사용되는 피노 그리도 소량이 재배된다. 재배면적은 레드가 1헥타르이고 화이트용으로는 아직 재배면적이 없다.

⑫ 부르고뉴 오뜨-꼬뜨 드 본 와인 Bourgogne Hautes-Côtes de Beaune

부르고뉴 오뜨-꼬뜨 드 본은 꼬뜨 도르의 남부에 오뜨 꼬뜨, 즉, 해발고도 290~485미터의 높은 언덕 포도밭에서 생산되는 레드, 화이트, 로제 와인의 부르고뉴 AOC의 레지오날 등급이다. 1961년에 형성되었는데, 오뜨 꼬뜨는 서쪽으로부터 그 아래, 중간 언덕에 위치한 더욱 고귀한 포도밭, 즉, 꼬뜨 드 본을 내려다본다. 그러나 꼬뜨 드 본과는 명백하게 구별된다.

부르고뉴 오뜨-꼬뜨 드 본 아뺄라시옹은 29개 코뮌에 걸쳐서 넓게 퍼져있는데, 언덕과 계곡 사이 석회암 절벽 기슭에서도, 햇볕이 드는 경사면에 포도밭이 자리하고 있다. 언덕에 위치하고 있는 마을은 좁은 길을 따라서 백색의 석재건물로 이어지는 풍성한 풍경을 방문객에게 제공한다. 꼬뜨 도르에서 북부 절반에 해당되며 대칭되는 아뺄라시옹은 부르고뉴 오뜨-꼬뜨 드 뉘이다. 재배면적은 레드와 로제가 720.34헥타르이며 화이트는 약 223.19헥타르이다.

오뜨-꼬뜨 드 본 와인의 대부분은 레드이고 피노 누아로로 만든다. 샤르도네가 보통 화이트 와인에 사용되며 이곳 아뺄라시옹 생산량의 약 20%에 해당된다. 로제 또는 끌레레 와인은 피노 누아로 만들며 전체 생산량의 작은 부분만을 차지한다.

와인 특성
피노 누아의 레드 와인은 자줏빛이 도는 선홍색 컬러의 작약을 연상시킨다. 혹은 깊은 색감의 장미를 떠올리게도 한다. 과일 향 가득한 향은 처음에는 버찌, 딸기와 체리를 연상시키고, 점차적으로 블랙커런트, 감초, 향신료의 터치로 발전한다. 오뜨-꼬뜨 드 본 와인은 자연스러움이 매력이다. 때때로 젊을 때는 약간 단단한 느낌도 있지만, 몇 년 숙성 후에는 조화와 균형을 획득한다.

화이트 와인은 샤르도네로 만들며, 아주 드물게 피노 블랑 혹은 피노 그리로 만들기도 한다. 와인은 연한 밀짚색을 띠며 중심부는 연한 골드 빛을 지닌다. 꿀과 함께 섞인 흰색 꽃의 향을 자랑하며, 진저브레드를 연상시킨다. 과도하게 달지 않으면서 신선한 포도의 느낌을 가득 담고 있다.

떼루아

오뜨–꼬뜨 드 본의 기후는 동쪽의 더 낮은 경사면의 기후와는 확연히 다르다. 포도밭의 더 높은 고도로 인해 때때로 덜 풍부한 풍미와 덜 복잡한 와인이 되기도 한다. 이렇게 더 서늘한 기후의 영향을 최소화하기 위해서, 오뜨–꼬뜨 드 본의 포도밭은 태양의 가장 따뜻한 광선에 최대한 노출되는 혜택을 얻도록 남향과 서향의 비탈면에 심어진다. 비탈면은 가파르고 석회암 자갈로 덮여있는데, 이는 중기 쥐라기 시대 이래로 더 높은 곳에서 형성된 돌출부로부터 붕괴된 것이다. 토양의 형성면에서, 여기 포도나무는 더 낮은 경사면에 있는 토양에 비교하여 보다 더 이회암 기층 장소에 심어진다. 때때로 밝은 화이트 석회암이 지표면에 드러나 있는 것을 볼 수 있다.

⑬ 꼬뜨 뒤 꾸슈아 Côtes du Couchois

부르고뉴 꼬뜨 뒤 꾸슈아 와인은 부르고뉴 남부에 위치한 꼬뜨 샬로네즈가 시작되는 샤니 마을의 서쪽에 위치한 마을 꾸슈 Couches 주변의 완만하게 경사진 언덕길에서 부르고뉴 꼬뜨 뒤 꾸슈아 타이틀로 레드 와인만 생산한다. 꾸슈아 지역은 아주 오래전부터 와인이 재배된 곳으로, 마랑주의 남쪽과 오뜨 꼬뜨 드 본의 남쪽에 위치해 있다. 모든 부르고뉴 꼬뜨 뒤 꾸슈아 와인은 피노 누아로 만들어진다.

꼬뜨 드 본의 남쪽 끝 상트네 마을은 꾸슈아 북쪽으로 11킬로미터 정도 떨어져 있다. 최고급 와인 산지 꼬뜨 드 본의 위성 지역으로서, 꼬뜨 뒤 꾸슈아 와인은 떼루아뿐만 아니라 다른 부르고뉴 지역 타이틀과 비교했을 때보다 엄격하고

명확한 아뻴라시옹 규정이 적용되는 편이다. 재배면적은 47.31헥타르이다.

와인 특성

색상은 루비색, 약간 자줏빛을 띤다. 아로마는 딸기, 구즈베리 같은 작고 붉은 과일 향 그리고 블랙커런트, 블랙베리 등의 검은 베리류를 연상시킨다. 그 다음으로 덤불, 버섯, 과일씨, 향신료, 가죽, 모피 향이 이어진다. 와인은 입안에서 근육질을 연상시킬 정도로 파워풀한 느낌을 준다. 숙성 초기에는 화려하고 거칠 수 있으나, 2~3년 후 시음적기가 되면 일관된 맛을 보여준다. 떼루아를 훌륭하게 표현한다고 알려진 이 와인은 부르고뉴의 정신을 담고 있다고 평가를 받는다.

떼루아

이곳 떼루아는 석회암과 진흙 토양의 결합이다. 포도밭은 점토와 이회토로 섞여있으며, 중기 쥐라기 시대의 석회암 지대에 위치해 있다. 동쪽과 남쪽으로 노출된 토양은 피노 누아 포도를 위한 우수한 재배 조건을 제공한다. 이 토양은 오뜨 꼬뜨 드 본의 남쪽 부분에 가깝게 이웃해 있으며, 꼬뜨 드 본과 매우 흡사한 환경이다. 대륙성 기후이며, 해발고도 200~300미터 사이에 위치해 있다.

⑭ 부르고뉴 꼬뜨 샬로네즈 와인 Bourgogne Côte Chalonnaise

꼬뜨 샬로네즈 지역은 꼬뜨 도르 남쪽 끝 샤사뉴-몽라셰와 상트네에서 가깝다. 부르고뉴 남부의 꼬뜨 샬로네즈 하위 지역에 속하는 44개 코뮌으로부터 생산되는 레드, 화이트, 로제 와인을 커버하는 부르고뉴 AOC의 레지오날 등급으로 1990년에 지정되었다. 동쪽에 있는 도시 샬롱-쉬르-손 Chalon-sur-Saône 을 따라서 꼬뜨 샬로네즈라고 부른다. 와인은 부르고뉴 아뻴라시옹 조건하에서 생산되고, 이들은 북쪽의 샤니, 지브리 마을로부터 남쪽의 몽따니 마을까지 약 40킬로미터 길이의 꼬뜨 샬로네즈 코뮌의 지역 내에서 자란 포도로 만들어야 한다. 재배면적은 레드와 로제가 370.04헥타르이며 화이트는 174.64헥타르에 이른다.

와인 특성

피노 누아로 만드는 레드 와인은 깨끗하고 맑은 퍼플 혹은 루비색을 띠며, 때때로 어두운 석류색을 띤다. 딸기나 구즈베리 등 작고 붉은 베리류, 그리고 블랙커런트나 블루베리 등 검은 베리류 아로마가 먼저 나타난다. 이따금 체리와 견과류 향이 나며 때때로 동물 향과 버섯 향이 난다. 대체로 거칠고 특별한 매력은 부족하지만, 원만한 느낌이며, 산도와 탄닌은 서로 잘 어우러진다. 피노 누아 포도로 소량의 로제 또는 끌레레를 만들기도 한다.

샤르도네로 만들어지는 화이트 와인은 연한 금빛을 띠며 맑은 색깔을 자랑한다. 아로마는 산사나무 또는 인동나무와 같은 하얀 꽃을 상기시키며, 레몬이나 아니스 향을 띤 말린 과일을 연상시킨다. 이들은 따뜻한 크루아상 또는 꿀과 잘 어울린다.

떼루아

꼬뜨 샬로네즈는 남쪽을 향해서 개방된 계곡 사이에 위치해 있으며, 해발고도는 250~350미터이다. 더 북쪽에 있는 꼬드 드 본과 꼬프 드 뉘보다는 바위가 적은 편이다. 완만한 언덕은 프랑스 중앙 산지가 균열되면서 계곡을 형성하며 생겨난 것이다. 북부에서는 석회암이 동쪽을 향하는 경사지를 형성하고, 청색 석회암과 트라이아스Trias 형성물이 지표면으로 드러난다. 중부에서는 화강암 지대가 블록을 형성하며, 남부에서는 비탈진 경사지가 마꼬네 지역 언덕까지 다다른다. 바죠시안 석회석을 기반으로 하부 토양은 이회토이며, 모래, 혈암 혹은 부싯돌이 섞인 점토를 가지고 있다. 경사지 아랫부분에는 지표면에 자갈이 드러나 있다.

그 밖의 부르고뉴 아뺄라시옹

부르고뉴 지역의 증류주브랜디 또는 스피리츠에 부여된 2개의 아뺄라시옹이 있는데, 오-드-비 드 뱅 드 부르고뉴Eau-de-vie de vin de Bourgogne와 오-드-비 드 마르끄 드 부르고뉴Eau-de-vie de Marc de Bourgogne이다.

오-드-비 드 뱅 드 부르고뉴는 부르고뉴 지역 내에서 생산된 포도즙으로 만드는 증류주에 부여된 프랑스 오-드-비의 30개 아뺄라시옹 중의 하나이다. 수확한 포도를 압착한 후에 포도즙을 발효시키고, 그다음 증류기에서 두 번 증류한다. 그 결과물은 아주 잘 익은 과일의 풍미를 함유하거나, 더욱 강한 향미를 띠기도 한다.

한편, 압착 후의 포도즙은 제외하고서 남겨진 포도 껍질과 씨앗 등의 포도 찌꺼기를 마르끄marc라고 하는데, 이것을 말린 후에 오-드-비로 증류시키게 되면, 오-드-비 드 마르끄 드 부르고뉴라는 별도의 아뺄라시옹으로 분류된다. 오직 말린 껍질과 씨앗만이 마르끄 드 부르고뉴에 사용되기 때문에, 그 결과물은 과일적 특성은 약해지며, 향미보다는 입안에서 다가오는 느낌이 훨씬 더 강조된다.

이 두 가지 아뻴라시옹 모두, 부르고뉴 아뻴라시옹 규정이 허용하는 품종을 기본으로 하지만, 베이스로 사용되는 포도 품종을 구체적으로 명시하지는 않는다. 오-드-비 드 뱅 드 부르고뉴는 프랑스의 꼬냑Cognac 그리고 아르마냑Armagnac 지방에서 생산되는 브랜디 종류와 매우 흡사하다. 그리고 부르고뉴와 멀지 않은 사보아Savoie와 론 지역에도 이에 상응하는 아뻴라시옹이 존재한다. 오-드-비 드 마르끄와 유사한 방식으로 만들어지는 것에는 이탈리아의 증류주 그라빠grappa가 널리 알려져 있다.

미니토픽 6

부르고뉴 피노 누아의 대안

가까이하기엔 너무 먼, 부르고뉴 피노 누아.
급등하는 가격에 대처하는 당신의 똑똑한 선택.

보졸레

　와인을 좋아하고, 좀 안다는 사람들이라면 한 번쯤 마셔봤을 피노 누아. 소나무pine와 검정noir을 뜻하는 프랑스 단어로, 포도알이 촘촘히 모여있는 모양이 마치 솔방울 같다고 해서 붙여진 이름이다. 날씨, 강우량 등 떼루아의 영향을 크게 받는 데다, 포도 껍질이 얇아 병충해에도 취약한 탓에 재배가 매우 까다롭다. 게다가 생산자에 따라 스타일이 확 달라지므로 섬세한 관리가 필수이다. 이런 모든 어려움과 단점에도 불구하고, 다수의 와인 애호가들이 '피노 누아' 품종을 유난히 좋아하는 이유는 무엇일까.

　살짝 투명한 듯 보이는 맑은 루비색, 신선한 붉은 과일 향, 매력적인 제비꽃 향, 부드럽고 섬세한 탄닌, 버섯이나 가죽 같은 은은한 숙성 향, 우아한 산미 등 피노 누아의 매력을 나열하자면 끝이 없다. 특히, 부르고뉴 피노 누아는 품질 면으로나, 가격 면으로나 모든 면에서 최고로 꼽힌다.

　최근 10~20년 사이에 여러 가지 이유로 부르고뉴 피노 누아의 가격이 치솟으면서 많은 소비자들이 깊은 고민에 빠지기 시작했다. 분명, 부르고뉴 피노 누아가 맛있다는 것을 알고는 있으나 평상시에 자주 즐겨 마시기에 부담스러운 가격이 되어버렸다. 과연 이 아쉬움을 어떻게 달래야 할지, 몇 가지 대안을 생각해 보았다.

첫째, 그래도 와인의 종주국은 프랑스! 부르고뉴 와인을 포기할 수 없는 당신이라면, 가장 먼저 할 수 있는 선택은 부르고뉴 지역 안에서도 품질에 비해 상대적으로 덜 알려진 마을에 눈을 돌려보자. 예를 들어, 사비니-레-본의 경우, 기후 변화로 예전보다 포도가 잘 익는 등 최근에 더 좋은 평가를 받고 있다. 그리고 꼭 높은 등급만 고집할 것이 아니라, 가성비 좋은 마을 단위 와인을 찾아보는 것도 좋은 방법이다.

둘째, 피노 누아는 아니지만 보졸레Beaujolais에서 만든 가메 와인은 어떠한가. 단, 이때 주의할 점이 있다. 일반 가메가 아닌 보졸레 크뤼Crus de Beaujolais 와인에 주목하자. 보졸레 내 10개의 크뤼쌩따무르(Saint-Amour, 줄리에나Juliénas, 세나 Chénas, 물랭아방Moulin-à-Vent, 플뢰리Fleurie, 쉬루블Chiroubles, 모르공Morgon, 레니에Régnié, 꼬뜨 드 브루이Côte de Brouilly, 브루이Brouilly)는 일명, 텐크뤼로 불리며 토양과 기후에 따라 저마다 고유한 특징과 스타일을 보여준다. 좋은 빈티지의 잘 만든 텐크뤼가 제대로 숙성을 거치면, 부르고뉴의 피노 누아와 구분이 쉽지 않다. 과일 향이 뛰어나고, 약간의 스파이시한 뉘앙스도 보여주며, 산도도 좋다.

셋째, 추운 알자스는 이제 옛말! 최근 그랑 크뤼 등급에 피노 누아를 포함시키기도. 2024년, 알자스에서는 키르히베르크 드 바Kirchberg de Barr, 헹스트 Hengst에 이어 보부르Vorbourg가 피노 누아로 그랑 크뤼를 인정받았다. 다시 말해, 51곳의 알자스 그랑 크뤼 AOC 가운데, 앞서 언급한 세 곳은 이제 그랑 크뤼 라벨을 단 화이트, 레드를 모두 생산할 수 있다. 이는 기후 변화로 인해 피노 누아 생산지가 북쪽으로 조금씩 이동한 덕분이다. 게다가 추운 날씨 덕에 산도 또한 뛰어나다.

넷째, 신세계 와인에서 이런 향과 맛이 가능하다고?! 미국과 뉴질랜드 다시 보기. 최근, 와인숍에 가면 미국, 뉴질랜드, 호주, 칠레 등 신세계 피노 누아를 쉽게 볼 수 있다. 부르고뉴 와인보다 낮은 가격으로 피노 누아 애호가들의 눈길을 사로잡는다. 우선, 가장 널리 알려진 생산지는 미국의 오리건Oregon 지역이다. 북쪽의 서늘한 지역에 위치하고, 부르고뉴와 매우 유사한 떼루아를 갖춘 덕분에 마치 부르고뉴 피노 누아 같은 우아하고 복합적인 풍미와 기분 좋은 산도가 느껴진다. 뛰어난 품질의 와인인 경우에는 10~20만 원을 훌쩍 넘는 고가이기도 하다.

뉴질랜드는 앞서 소비뇽 블랑으로 세계적인 성공을 거둔 뒤, 1990년대부터 정부에서 전략적으로 피노 누아 재배를 장려해 왔다. 남섬의 센트럴 오타고Central Otago와 북섬의 마틴버러Martinborough가 양대 산맥을 이루고 있다. 우선, 센트럴 오타고는 세계 최남단 포도나무 재배 지역이다. 뉴질랜드 내에서 유일하게 대륙성 기후의 영향을 받는 곳으로, 일교차가 매우 크고 일조량이 풍부한 덕분에 포도가 매우 느리게 익어 산도와 복합미가 뛰어나다. 마틴버러는 부르고뉴와 매우 유사한 환경 속에서 풍미와 미네랄이 뛰어난 피노 누아 와인을 생산한다.

앞서 언급한 보졸레 텐크뤼, 알자스 그랑 크뤼 AOC의 피노 누아, 신세계 피노 누아 등이 부르고뉴 피노 누아를 완벽하게 대체할 수는 없겠지만 가성비와 좋은 품질, 두 마리 토끼를 잡으려는 소비자들에게 괜찮은 대안임에는 틀림없다. 부르고뉴 와인과 맛과 향을 비교 시음하면서 부르고뉴 피노 누아의 특징을 정확히 파악하는 것도 좋다. 오히려 전보다 훨씬 더 부르고뉴 와인의 매력에 빠지게 되는 계기가 될지도 모르지만. **(이선화)**

▲ 샤또 드 사비니-레-본, 와인 시음 코너

모레 쌩 드니 마을 식당에서, 멀리 보이는 그랑 크뤼 끌로 데 랑브레 포도밭 풍경

부르고뉴 와인 즐기기

1.
부르고뉴 와인 구매와 보관

❶ 부르고뉴 와인 구매 가이드

첫째, 생산자가 누구인지 살피자.

오랜 경험의 와인 애호가라 할지라도 마음에 드는 와인을 고르는 일은 쉽지 않다. 매장의 모든 와인을 시음해 보고 결정하는 것은 거의 불가능하기 때문에 여러 생산자의 와인을 시음해 본 뒤, 본인의 취향을 찾는 과정이 필요하다. 특히, 부르고뉴 와인의 경우, 어느 와인보다 생산자가 와인의 스타일과 품질에 결정적인 역할을 한다. 따라서 부르고뉴 와인을 고르는 첫 번째 스텝은 바로 생산자가 누구인지 살펴보는 것이다.

둘째, 부르고뉴 화이트 vs. 레드 와인의 특징을 이해하자.

먼저, 부르고뉴 화이트 와인은 레드 와인에 비해 비교적 이해하기 쉽고, 좀 더 합리적인 가격으로 맛있는 와인을 즐길 수 있다. 또한 샤르도네 품종의 특징상, 포도밭, 재배 방법, 양조 스타일에 따라 다양한 맛과 향을 보여준다. 예를 들어, 샤블리 지역에서는 뛰어난 산미, 미네랄, 풍부한 과일 향을 갖춘 견고하고 강한 스타일의 와인이 만들어진다. 게다가 새 오크통을 사용하면 오히려 와인의 산미와 미네랄을 해칠 수 있기 때문에 스틸 탱크나 중고 오크에서 발효한다. 이와 반대로, 부르고뉴 최남단 마꼬네 지역은 상대적으로 더운 지역이라 좀 더 잘 익은 과일 향이 강하고, 버터나 브리오슈 같은 풍미마저 느껴진다. 알코올 도수도 높고, 산도는 낮으며, 재배면적당 수확량도 많아 가격 또한 저렴한 편이다.

부르고뉴 화이트 와인 산지의 지역별 특징에서 더 나아가, 유명한 마을의 특징을 알아두는 것도 구매에 도움이 된다. 예를 들어, 쀨리니 몽라셰는 다채로운 꽃과 과일 향을 잘 보여주고, 뫼르소는 좀 더 진한 풍미에 버터 등 유제품 향이 강한 편이다. 그리고 숙성이 진행될수록 꿀, 견과류의 향으로 이어진다. 단, 동일한 생산 지역이나 마을 안에서도 재배 방법이나 양조 스타일에 따라 와인의 맛과 향이 매우 다를 수 있다.

레드 와인의 경우, 부르고뉴 와인은 전 세계 와인 애호가들로부터 찬사를 받는 우아하고 매력적인 최고급 와인이다. 비교적 옅은 색상에 부드러운 탄닌, 체리, 라즈베리 같은 붉은 과일 향, 기분 좋은 매력적인 산도 등 장점을 나열하자면 끝이 없다. 단, 재배하기 매우 까다로운 피노 누아 품종인 탓에 수확량이 매우 적고, 좋은 품질의 와인을 만드는 과정이 어려워 자연스레 가격이 높아질 수밖에 없다. 게다가 부르고뉴 레드 와인은 대체로 어렵다고들 이야기한다. 어느 정도 와인 향을 알고 나서 즐기지 않으면 더욱 어렵게 느껴진다. 따라서 레드 와인도 화이트 와인과 마찬가지로 지역별, 마을별 특징을 미리 알아두면 매우 유용하다.

❷ 부르고뉴 와인 보관 방법

와인병 탄생의 역사

18세기 중반까지 부르고뉴 와인은 배럴 통에 담아 옮기는 것이 일반적이었다. 그리고 여러 단계를 거쳐 최종 구매자가 본인의 병이나 항아리에 옮겨 담는 방식이었다. 따라서 배럴 통에 구멍을 뚫기 시작하는 순간부터 소매점 주인들은 와인을 빠르게 파는 데 초점을 맞추었다. 그리고 와인이 상했는지 여부와 보관상태는 전적으로 소비자의 신뢰와 소매상의 정직함에 달려있었다. 그러던 중 1751년, 와인 산업에 있어서 매우 혁명적인 사건이 일어났다. 바로 와인병 생산을 위해 손-에-루아르 지역에 에피냑 Épinac 유리 공장을 세운 일이다. 그 결과, 최종 소비자는 라벨을 통해 포도밭과 빈티지 정보를 알 수 있었고, 이로써 원산지가 더욱 확실하게 보장되었다. 이후, 와인병과 코르크 마개를 사용하면서 부르고뉴 원산지 보증은 물론 이와 관련된 수많은 일자리 유리 제품, 인쇄, 코르크 마개, 운송, 보험, 관련 서비스 등도 만들어졌고, 부르고뉴 와인은 더욱더 활발히 유통되었다. 하지만 이후로도 오랫동안 부르고뉴 외부로 판매하는 와인은 배럴 통 사용에 의존했다고 전해진다.

와인 산지마다 서로 다른 병 스타일이 존재한다. 가령, 알자스 와인은 너비가 날씬하고 길쭉한 모양, 보르도는 장기 숙성 과정에서 생기는 침전물을 거르기 위해 어깨 부분이 각진 모양, 부르고뉴는 침전물을 거를 필요가 없어서 우아한 어깨와 풍성한 아랫부분이 특징적인 스타일, 샴페인은 내부 압력을 견딜 수

▲ 다양한 병 스타일

있도록 두껍고 병목이 길고 날씬하며 아랫부분이 풍풍한 모양이다. 이와 같이 병의 모양만으로도 여기에 담긴 와인에 대해 많은 것을 알 수 있다.

부르고뉴 와인병의 경우, 병 모양만 놓고 본다면 20세기의 그것과 큰 차이가 없다. 병은 두껍고, 색상은 어두웠으며, 좁은 바닥이었다. 그러다 산업용 유리 세공방법이 나날이 발전하면서 와인병 바닥이 평평해지고, 약간 두꺼워졌으며, 병 색깔도 녹색 또는 갈색으로 바뀌었다.

빈티지와 시음적기

와인병에 적힌 빈티지는 그 와인을 만드는 데 사용한 포도의 재배 연도를 의미한다. 부르고뉴 와인은 대부분의 라벨에 빈티지를 표시하지만, 사실 생산자들에게 빈티지 표기 의무는 없다. 다시 말해, 이것은 부르고뉴 지역에서 와인을 만들 때에 여러 빈티지를 섞어 만드는 경우가 거의 없다는 의미이기도 하다.

포도 재배는 기후의 영향을 크게 받기 때문에 라벨에 적힌 빈티지와 와인의 품질 사이에 매우 밀접한 관계가 있다. 부르고뉴는 해양성, 대륙성, 지중해성 기후의 영향을 동시에 받기 때문에 해마다 다른 기후 조건에 놓인다. 강수량, 일조량, 평균기온 등이 달라지면서 와인 품질에도 영향을 준다. 예를 들어, 레드 와인은 빈티지에 따라 과일 향, 탄닌, 색상 등이 다르다. 그리고 와인 스타일과 프로필이 달라지므로 빈티지마다 숙성 기한도 다르다.

단, 크레망 드 부르고뉴는 예외이다. 전통적으로 여러 빈티지로부터 얻은 와인을 블렌딩해서 만든다. 물론, 예외적인 좋은 날씨와 훌륭한 떼루아 조건을 갖춘 좋은 빈티지의 경우, 개별 빈티지를 선택해 출시하기도 한다.

그렇다면 와인은 시음적기는 언제인가. 물론, 와인마다 숙성 잠재력이 다르고, 그랑 크뤼의 시음적기는 더욱 늦은 편이다. 시음적기를 판단함에 있어서 빈티지도 중요한 기준이다. 와인을 병입하고 얼마 후부터 마셔야 한다는 절대적인 규칙은 없다. 그러나 와인 등급과 빈티지를 보고 어느 정도 시음적기를 추측할 수 있다. 일반적으로 지역 AOC 와인은 2~4년, 그랑 크뤼 AOC 와인은 6~10년 이후 시음적기가 찾아온다고 본다. 때때로 수십 년 이상 오래된 그랑 크뤼 와인을 볼 수 있는데, 이것은 뛰어난 빈티지 와인을 최적의 상태로 보관한 예외적인 경우이다.

❸ 부르고뉴 와인 서빙의 기술

보통, 부르고뉴 화이트 와인과 로제 와인은 둘 다 낮은 온도로 차갑게 마셔야 하지만 너무 지나쳐도 좋지 않다. 보통 10~12도로 마시는데, 이것도 와인 스타일에 따라 조금씩 달라진다. 신선하고 미네랄과 산미가 두드러지는 와인은 낮은 온도로 즐기면 과일 향과 프레시한 느낌을 즐길 수 있다. 그리고 숙성이 잘된 화이트 와인이나 오크 숙성 향이 진한 경우에는 좀 더 높은 온도로 마시는 것이 어울린다.

피노 누아 품종으로 만든 레드의 경우는 다르다. 피노 누아의 맛과 향을 제대로 즐기려면 보통 13~16도 사이에서 서빙이 이루어져야 하고, 붉은 과일 향이 나는 어린 와인은 12~14도, 빈티지가 오래된 와인은 15~17도에 마시는 것을 추천한다. 미묘한 서빙 온도 차이가 와인으로부터 최상의 퍼포먼스를 끌어내는 데 매우 중요한 역할을 한다.

2.
와인 시음:
시각, 후각, 미각의 활용

❶ 와인 시음의 개요

와인의 특징과 품질을 제대로 평가하기 위해서는 객관적인 기준과 메커니즘이 필요하다. 하지만 사람이 하는 일이다 보니 주관적인 의견이 더해지기 마련이다. 각자 개인의 취향이 다르고, 때로는 특정 향을 두고 호불호가 나뉘기도 한다.

그렇다고 와인을 시음하는 특별한 비법이 있는 것은 아니다. 정상적인 시각, 후각, 미각을 가진 이라면 누구나 시음이 가능하다. 와인 시음은 크게 두 단계를 거친다. 첫째, 와인의 정보를 읽어내는 분석 단계이다. 시각적, 후각적, 미각적 체험을 통해 해당 와인의 정보를 탐색한다. 둘째, 앞서 받은 느낌과 인상을 한데로 모아 가치를 부여하는 단계이다. 때로는 '시음 와인이 좋다, 싫다, 사고 싶다'와 같이 간단한 결론을 내리는 경우도 있고, 한 걸음 더 나아가 끌리마, 생산자, 빈티지에 관한 정보 등을 설명하며, 좀 더 구체적으로 평을 하기도 한다. 물론 이때, 남들보다 감각 수준이 뛰어나거나, 와인에 대한 폭넓은 이해와 분석이 가능한 수준에 도달했거나, 또는 미학적인 근거를 들어 평가하는 훈련이 되어있다면 좀 더 차별화된 시음도 가능할 것이다.

와인 시음의 5단계

- **1단계: 지각**Perception

    인체의 감각기관이 와인을 포착하고 인지하는 단계이다. '지각'을 위해서는 일정 수준 이상의 자극이 필요하며, 사람마다 자극을 느끼는 정도가 다르다.

- **2단계: 분석**Analysis

    뇌세포가 앞서 인지한 감각을 분석하는 단계이다. 이미 학습이 이루어진 머릿속 데이터 가운데 감각과 일치하는 자료를 찾고 분석하는 과정이다.

- **3단계: 해석**Interpretation

    지금까지 분석한 내용을 해석하고 평가하는 단계이다. 이때 전문가적 지식 및 경험이 필요하고, 전문가의 판단이 와인 품질이나 가치평가에 큰 영향을 미친다.

- **4단계: 표현**Expression

    누구나 공감할 수 있을만한 적절하고 명확한 어휘를 사용해 자신의 느낌을 표현하는 단계이다.

- **5단계: 선호**Preference

    주관적인 평가를 통해 자신의 와인 선호도를 결정하는 마지막 단계이다. 맛에 대한 기호가 저마다 다르기 때문에 와인의 선택 또한 달라진다.

❷ 시각-후각-미각 활용하기

외관 appearance 과 시각적 측면

　와인을 시음할 때에는 가장 먼저, 눈으로 와인잔을 바라본다. 와인의 외관은 시음 와인의 상태와 품질을 알려주는 매우 중요한 단서이다. 흰색 바탕 위에 와인잔을 놓고, 밝은 조명 아래 와인잔을 비춰본다. 일반적으로 좋은 와인일수록 좀 더 투명한 빛깔을 띠며, 밝고 생생한 색감을 지니고 있다.

　와인의 선명도는 와인의 현재 상태가 어떠한지 보여주는 지표이다. 가벼운 색감의 와인은 대부분 부담 없이 마시기 편한 와인이다. 반면, 진하고 깊이 있는 와인은 육감적이고 복합적인 풍미를 띠는 와인일 가능성이 높다. 참고로, 피노 누아 품종으로 만든 레드 와인은 일반적으로 투명한 루비색을 띠고, 다른 적포도 품종에 비해 색조 성분이 적은 편이다.

　와인의 색상은 빈티지, 숙성 정도, 생산지에 대한 정보를 제공한다. 어린 레드 와인은 와인잔 둘레 부분을 따라 대부분 자주색을 띠고, 시간이 지나면서 가넷 컬러, 갈색으로 바뀐다. 빈티지 외에 생산지를 유추해 보기도 한다. 보통, 꼬뜨 드 본 레드 와인은 꼬뜨 드 뉘 레드 와인보다 색상이 더 연한 편이다. 꼬뜨 드 뉘 지역의 토양은 철분이 많이 섞여있어서 와인색도 더 진해진다. 한편, 화이트 와인은 레드 와인에 비해 색상 변화가 그리 큰 편은 아니다. 어린 와인일수록 연두색조 또는 연한 황금빛을 띠다 시간이 흐르면서 옐로우 컬러로 변한다. 색상, 선명도 외에도 시각적인 검사를 통해 와인의 강도, 광택, 투명도 등을 파악할 수 있다.

| 와인 숙성 기간에 따른 컬러 |

	화이트 와인	레드 와인
숙성 초기	Colourless (무색에 가까운 밝은색) Yellow (노란색) Greenish yellow (연둣빛을 띤 노란색) Straw yellow (볏짚색을 띤 노란색) Pale gold (연한 황금색) Green gold (연둣빛을 띤 황금색) Golden gold (황금빛을 띤 노란색) Old gold (빛바랜 황금색) Dead leaves (낙엽색) Maderised (적색을 띤 밤색) Amber (호박색)	Blue red (푸른빛을 띤 적색) Violet red (보랏빛을 띤 적색) Purple red (자줏빛을 띤 적색) Peony red (작약빛을 띤 적색) Cherry red (체리빛을 띤 적색) Ruby red (루비색을 띤 적색) Deep red (진한 적색) Garnet red (암홍빛을 띤 적색) Brick red (벽돌색을 띤 적색) Orange red (오렌지빛을 띤 적색) Tile red (기와색을 띤 적색)
숙성 말기	Russet (연한 갈색) Brown (갈색)	Reddish brown (적색을 띤 갈색) Ochre (황갈색)

아로마 Aroma와 후각적 측면

와인의 향기, 즉 아로마는 부르고뉴 와인 시음자에게 있어서 가장 중요한 정보의 원천이다. 시음 와인의 떼루아를 정확히 보여주는 메커니즘이기도 하다. 와인의 아로마를 느끼기 위해서는 첫째, 직접적으로 코를 통해 향을 맡고 느끼는 것, 둘째, 간접적으로 입안에서 감지하는 방법이 있다. 후자는 입천장 위에서 코 조직으로 넘어가는 통로를 통해 향을 느끼는 것이다. 이것을 두고, 입천장 아로마라고 부르고, 와인에서 느낄 수 있는 복합적인 아로마가 여기에 해당된다.

후각적 기능 검사의 3단계

첫째, 잔을 흔들지 않은 채로 아로마를 파악한다. 연속적으로 짧게 숨을 쉬며 코로 향을 섬세하게 맡아본다. 이때는 기화성 아로마만 느껴진다.

둘째, 잔을 돌려가며 향을 검사한다. 이 단계에서는 와인의 복합적인 아로마를 판단할 수 있다. 잔을 돌리면, 와인이 공기와 접촉하게 되고, 와인에 용해되어 있던 가스는 날아가고, 휘발성이 없는 약한 향을 열어주는 역할을 한다.

과일, 꽃, 허브, 열매 등 모든 복합적인 향이 올라온다. 아로마가 폭넓게 드러날수록 좋은 품질의 와인이라고 할 수 있다.

셋째, 와인을 마시고 난 후, 빈 잔의 향을 맡아보는 단계이다. 빈 잔에는 여전히 아로마 향이 남아있으며, 오랫동안 지속된다. 알코올의 뒤에 숨어있던 미묘한 향들을 새롭게 느낄 수 있다.

| 피노 누아 품종의 대표적인 아로마 |

과일 향	딸기, 라즈베리, 붉은 체리, 검은 체리, 크랜베리, 블랙커런트, 자몽, 자두 등
꽃 향	라일락, 백합, 장미, 제비꽃 등
흙 향	흙, 이끼, 버섯, 송로버섯, 농장, 헛간, 가죽 등
식물 향	비트, 이끼, 올리브 등 (참고로 포도 줄기를 제거하고 포도알로만 발효한 경우에도 포도 줄기 향이 난다)
동물 향	다소 희귀한 아로마일 수 있지만 간혹 무당벌레 향이 느껴진다는 평이 있음
오크 향	바닐라, 모카커피, 코코넛, 후추, 클로브 등 그리고 오크통 제작 과정에서 통 안쪽에 토치로 불에 그을리는 단계를 거치는데, 이로 인해 훈제 향, 토스트, 볶은 커피 향이 발생함

시음 taste과 미각적 측면

눈으로 보고, 향을 맡은 뒤에는 직접 마셔보는 단계이다. 와인을 마시면, 먼저 와인의 분자 단위가 물리적, 화학적 접촉을 통해 혓바닥의 미각 세포를 자극한다. 하지만 이때 맛의 감각에 대한 이차적인 해석이 필요하다. 이것은 분명한 감각 신호보다 더욱더 미묘하고 섬세한 판단을 가능하게 해준다. 이 과정을 통해 좋은 와인, 뛰어난 와인, 그랑 크뤼 등을 판별할 수 있다.

| 맛에 대한 묘사의 예 |

산도	특징이 없는, 밋밋한, 부드러운, 산뜻한, 생생한, 강한, 강렬한, 신맛, 톡 쏘는 맛 등
단맛	아주 드라이한, 드라이한, 미디엄 드라이, 감미로운, 달콤한, 스위트한 등
탄닌	전혀 없는, 가벼운, 유연한, 부드러운, 떫은, 거친, 강한, 아주 강한, 쓴맛 등
구조감	약한, 가벼운, 골격이 있는, 묵직한, 견고한, 튼튼한, 짜임새 있는, 육감적인 등
바디	약한, 중간의, 풍부한 등
텍스처	조밀한, 실키한, 부드러운 등

❸ 와인의 종합적인 평가

시각, 후각, 미각의 감각을 통해 와인을 파악했으면, 이제 시음자는 와인의 품질을 평가해야 한다. 이때, 시음자 본인의 경험과 취향보다는 다수의 사람들이 인정하고 선호하는 보편적인 가치가 더 바람직한 평가기준이 될 것이다. 몇 가지 기준을 살펴보도록 하겠다.

전형성 Typicity

기본적으로 떼루아에 관한 철학은 개별 포도밭에서 저마다 개성 있는 와인을 생산한다는 전제에서 출발한다. 뛰어난 양조자들은 떼루아의 다양한 요소들을 좋은 품질의 와인으로 전환시키는 탁월한 능력을 보여준다. 포도밭의 차이는 미묘하고 섬세한 뉘앙스의 차이로 볼 수 있다. 일반적으로 좋은 떼루아에서는 빈티지 조건에 상관없이 개성이 매우 돋보이는 와인이 생산된다.

시음자가 와인의 전형적인 특징을 파악하는 것은 어렵지 않다. 석회암이 풍부한 꼬뜨 도르에서 생산된 와인은 한층 더 부드럽고 유연한 느낌을 주고, 미네랄 덕분에 살짝 짠맛이 느껴지기도 한다. 반면, 점토질 포도밭에서 생산한 와인은 짜임새 있고, 활력이 넘치며, 세련된 느낌을 주는 경우가 많다.

맛의 길이와 지속성 Length and Persistence

뛰어난 품질의 와인은 모두 두 가지의 공통적인 특징을 가지고 있다. 바로 맛의 길이와 지속성이다. 맛의 길이란, 입안에서 감도는 와인의 맛이 얼마나 오래 남아있는가를 의미하고, 지속성은 목 넘김 이후에도 입안에 남아있는 맛의 여운이다.

질감과 입안의 감촉 Texture and Mouthfeel

섬세한 질감은 특히, 레드 와인의 품질을 이야기할 때, 결정적인 요소이다. 좋은 품질의 와인은 질감 또한 매우 훌륭하다. 음식과 함께 즐길 때, 와인의 풍미도 물론 중요하겠지만 입안에서 느끼는 감촉도 매우 중요한 부분이다. 예를 들어, 우수한 부르고뉴 와인은 실크처럼 부드럽고 풍부한 감촉을 느낄 수 있다.

균형감 Balance

와인 애호가들 가운데 일부는 와인의 요소 중 균형감을 가장 중요한 요소로 꼽는다. 균형감은 기본적으로 향미, 산도, 탄닌, 알코올 등 와인의 구성 성분들이 어느 한쪽에 치우침 없이 조화를 이루고 적정 수준을 유지하는 상태이다. 사실, 좋은 와인이란, 구성 요소들이 절묘한 균형을 유지하고, 전체적으로 조화를 이루는 와인이다. 하지만 숙성이 진행되면서 균형감이 흩어지기도 하고, 어떤 요소 하나가 도드라져서 균형감이 쉽게 깨지는 경우도 있다.

복합성과 깊이 Complexity and Depth

좋은 품질의 와인은 복합적인 풍미와 입안에서 진한 깊이를 보여주는 와인이다. 가볍고 단순한 느낌과는 상반된다. 가령, 보졸레 빌라주급 와인과 꼬뜨 드 뉘 그랑 크뤼 와인을 비교 시음해 보면 깊이감의 차이를 확연히 느낄 수 있다.

에너지 Energy

와인의 에너지를 한마디로 정의하기는 힘들지만 와인 애호가들에게는 매우 중요한 부분이다. 대부분의 와인은 어느 정도의 기운, 에너지를 가지고 있다. 그랑 크뤼 와인의 경우, 알코올 도수나 맛의 강도와 관계없이, 와인으로부터 생명력마저 느껴진다.

순수함 Purity

와인의 순수함이란, 단순히 일차원적인 개념이 아니다. 오히려 잘 만든 빌라주급 와인에서 발견되는 경우도 많다. 즉, 떼루아의 개성을 잘 드러내고, 투명하고 깔끔하게 본연의 맛을 잘 보여주는 경우, 순수함도 기대해 볼 수 있다.

구조감 Structure

구조감이란, 탄닌, 산도, 알코올, 당도 등 와인의 여러 구성 요소 간 관계를 표현하는 개념이다. 각 요소들이 어느 하나 튀지 않고, 응축 및 통합되어 마시기 좋은 상태로 조화롭게 균형을 이루는지 여부이다. 특히, 구조감에 있어서 무엇보다 탄닌과 산도가 매우 중요하다. 산도가 높으면 장기 숙성이 가능하고, 잘 숙성된 탄닌은 와인에 풍부하고 깊은 맛을 더하는 역할을 한다.

3.
부르고뉴 와인과 음식의 조화

격식을 갖추는 모임이든, 편안한 분위기의 모임이든 언제나 모임에 어울리는 부르고뉴 와인을 발견할 수 있다. 물론, 순간 기분이 내키는 대로 대담하게 선택할 수도 있지만, 와인과 음식이 전혀 어울리지 않는 상황이나 부자연스러운 조합을 피하기 위해 몇 가지 범주로 나누어 살펴보기로 한다.

부르고뉴 레드 와인

❶ 과일 향이 두드러지고, 대체로 가벼우며, 섬세한 빛깔과 아로마의 레드 와인

가볍고 프레시한 느낌의 과일 향이 풍부한 부르고뉴 로제 와인 또는 지역단위 AOC 와인이 대표적인 예이다. 부르고뉴, 부르고뉴 꼬뜨 도세르, 부르고뉴 오뜨 꼬뜨 드 뉘, 부르고뉴 오뜨 꼬뜨 드 본, 마꽁 등이며, 다음과 같다;

> Coteaux Bourguignons • Bourgogne • Bourgogne Chitry • Bourgogne Côte Chalonnaise • Bourgogne Côte Saint-Jacques • Bourgogne Côtes d'Auxerre • Bourgogne Côtes du Couchois • Bourgogne Coulanges-la Vineuse • Bourgogne Épineuil • Bourgogne Passe-tout-grains • Mâcon • Bourgogne hautes Côtes de Beaune • Bourgogne hautes Côtes de Nuits • Bourgogne rosé - Marsannay rosé - Mâcon rosé

특징

딸기, 체리, 블랙커런트, 블루베리 등 여러 가지 붉은 과일, 검은 과일의 향이 느껴지고, 색상은 자줏빛 또는 루비색을 띤다. 가볍고 편하게 마시기 좋은 와인으로, 어린 빈티지도 음용 가능하다. 여름철에는 평소보다 낮은 온도로 마셔도 좋다.

음식과의 궁합

화이트 와인의 경우, 간단한 요리, 흰 살코기, 송아지 고기, 가금류, 간단한 소스와 약간의 채소를 곁들인 구운 요리 등과 어울린다. 염장육 및 돼지고기와 가장 잘 어울린다. 그리고 가볍고 신선한 로제 와인마르사네 로제, 부르고뉴 로제, 마꽁 로제 등의 경우, 샐러드, 그릴에 구운 요리, 샤퀴테리, 흰색 육류, 게, 붉은 숭어 요리와도 어울린다.

❷ 부드러우며 향긋한 빛깔과 아로마의 레드 와인

본, 지브리, 샹볼–뮈지니, 볼네 등과 같이 부드러우며 향기로운 부르고뉴 레드 와인은 다음과 같다;

> Beaune et Beaune 1ers Crus • Blagny et Blagny 1ers Crus • Chambolle-Musigny et Chambolle-Musigny 1ers Crus • Chorey-lès-Beaune • Côte de Beaune • Côte de Beaune-Villages • Côte de Nuits-Villages • Givry et Givry 1ers Crus • Irancy • Ladoix et Ladoix 1ers Crus • Marsannay • Monthélie et Monthélie 1ers Crus • Rully et Rully 1ers Crus • Saint-Aubin et Saint-Aubin 1ers Crus • Saint-Romain • Savigny-lès-Beaune et Savigny-lès-Beaune 1ers Crus • Volnay et Volnay 1ers Crus • Vosne-Romanée et Vosne-Romanée 1ers Crus

특징

외관상으로는 영롱하고 맑은 루비색을 띠고, 버찌, 체리, 자두, 향신료, 핵과일 등의 아로마가 느껴진다. 후추, 트뤼플, 감초 향도 연상된다. 맛은 실크같이 부드럽고 섬세하며 유연하다. 병입 후 3~5년 숙성을 거치면, 본인의 개성을 잘 보여주기 시작하고, 탄닌도 더욱 부드러워진다.

음식과의 궁합

토끼, 닭, 송아지 등을 잘게 썰어 만든 프리카세나 스튜같이 가벼운 요리, 레드 와인을 졸여 만든 소스를 곁들인 생선 요리, 굽거나 볶은 닭요리 등과 잘 어울린다. 그리고 와인이 상큼하고 가벼운 맛이 있어서 다소 단맛이 나는 음식과도 궁합이 좋다.

❸ 견고하며 풍부한 탄닌에 진한 색상과 풀바디 아로마의 레드 와인

부르고뉴 가운데에서도 견고하며 탄닌이 풍부한 뽀마르, 모레-쌩-드니, 뉘-쌩-조르주 또는 메르퀴레 등 풀바디 와인이 이 기준에 속한다. 다음의 와인들도 동일한 범주이다;

> Auxey-Duresses et Auxey-Duresses 1ers Crus • Aloxe-Corton et Aloxe-Corton 1ers Crus • Chassagne-Montrachet et Chassagne-Montrachet 1ers Crus • Fixin et Fixin 1ers Crus • Gevrey-Chambertin et Gevrey-Chambertin 1ers Crus • Maranges et Maranges 1ers Crus • Mercurey et Mercurey 1ers Crus • Morey-Saint-Denis et Morey-Saint-Denis 1ers Crus • Nuits-Saint-Georges et Nuits-Saint-Georges 1ers Crus • Pommard et Pommard 1ers Crus • Santenay et Santenay 1ers Crus • Vougeot et Vougeot 1ers Crus

특징

주어진 떼루아 속에서 피노 누아 품종이 표현할 수 있는 가장 풍부한 개성과 감성을 드러내는 와인이다. 우선, 향은 블랙베리, 블루베리, 블랙커런트 같은 검은 과실을 연상케 하고, 숙성이 진행될수록 잼, 가죽, 트러플, 이끼 등의 뉘앙스가 엿보인다. 그리고 실크같이 부드러운 질감에 석륫빛 붉은 색상을 특징으로 한다. 숙성 초기에는 탄닌이 다소 거칠고 진하게 느껴지지만 와인잔에 따르고 시간이 지나며 이내 와인이 열리면서 목 넘김이 편해진다.

음식과의 궁합

오리, 소, 양고기 요리와 어울린다. 이 외에도 오리 가슴살, 갈빗살 또는 치마살 스테이크, 고기 튀김이나 구이, 소스로 조리한 내장요리도 잘 어울린다.

❹ 파워풀하고 개성이 강하며, 복합적인 아로마의 레드 와인

예를 들어, 주브레-샹베르탱, 알록스-꼬르통, 모레-쌩-드니의 그랑 크뤼에서는 야생의 검은 열매, 참나무 이끼, 가죽 향 등의 느낌이, 본-로마네, 부조 및 샹볼-뮈지니에서는 색이 바랜 장미, 설탕에 절인 과일의 뉘앙스를 엿볼 수 있다;

> Bonnes-Mares Grand Cru • Chambertin Grand Cru • Chambertin-Clos de Bèze Grand Cru • Chapelle-Chambertin Grand Cru • Charmes-Chambertin Grand Cru • Clos de la Roche Grand Cru • Clos de Tart Grand Cru • Clos de Vougeot Grand Cru • Clos des Lambrays Grand Cru • Clos Saint-Denis Grand Cru • Corton Grand Cru • Échezeaux Grand Cru • Grands-Échezeaux Grand Cru • Griotte-Chambertin Grand Cru • La Grande Rue Grand Cru • La Romanée Grand Cru • La Tâche Grand Cru • Latricières-Chambertin Grand Cru • Mazis-Chambertin Grand Cru • Mazoyères-Chambertin Grand Cru • Musigny Grand Cru • Richebourg Grand Cru • Romanée-Conti Grand Cru • Romanée-Saint-Vivant Grand Cru • Ruchottes-Chambertin Grand Cru

특징

부르고뉴의 24개 그랑 크뤼 레드 와인이 이 범주에 속하는데, 저마다 서로 다른 개성을 보여준다. 빈티지가 어릴수록 개성이 쉽게 드러나지 않으며 인내심을 갖고 시음적기를 기다려야 한다. 일단, 숙성이 진행되면 2차 아로마가 더욱 강렬하고 복합적으로 다가온다. 장기 보관에 적합하고, 숙성 후에 훨씬 더 복합적인 풍미를 보여준다.

음식과의 궁합

뮈지니, 샹베르탱, 끌로 드 부조 및 꼬르통 와인들은 소스와 함께 조리거나, 찌거나, 그릴에 굽거나 팬에 로스팅한 모든 고기 요리와 환상적인 궁합을 보여준다. 또는 진한 마데이라 와인 소스 또는 트러플 소스를 곁들인 야생 고기류, 야생 조류 등과도 잘 어울린다.

부르고뉴 화이트 와인

❺ 가볍고 프레시한 느낌의, 과일 향이 나는 화이트 와인

부르고뉴 지방 단위 아뺄라시옹의 화이트 와인들이며, 부르고뉴, 부르고뉴 알리고떼, 마꽁 또는 부르고뉴 베즐레뿐만 아니라 쌩-브리 또는 쁘띠-샤블리와 같은 마을 명칭도 있다. 이런 범주의 와인들은 다음과 같다;

> Coteaux Bourguignons • Bourgogne • Bourgogne aligoté • Bourgogne hautes Côtes de Beaune • Bourgogne hautes Côtes de Nuits • Bourgogne Côte Chalonnaise • Bourgogne Chitry • Bourgogne Côte Saint-Jacques • Bourgogne Côtes d'Auxerre • Bourgogne Coulanges-la-Vineuse • Bourgogne Tonnerre • Mâcon et Mâcon Villages • Bourgogne Vézelay • Petit Chablis • Saint-Bris

특징

샤르도네 및 알리고떼 포도 품종의 원산지이며(예외적으로 쌩-브리(Saint-Bris의 경우에는 소비뇽 블랑 품종), 밝은 골드 빛깔의 화이트 와인이다. 레몬 또는 라임 같은 시트러스 과일, 청사과 등의 아로마, 고사리, 흰 꽃, 아카시아 또는 인동 넝쿨 향을 발산하기도 한다. 빈티지가 어려도 자신의 특징을 곧바로 보여준다. 밸런스가 좋고, 살짝 미네랄이 느껴지며, 깨끗하고 신선한 와인이다. 가볍고 단순한 매력 덕분에 데일리 와인에 적합하다.

음식과의 궁합

식전주로 사용되는 경우도 있고, 간단한 전채 요리, 샐러드, 훈제 생선이나 익히지 않은 생선 요리, 조개류 등과 잘 어울린다. 테린 같은 섬세한 요리와도 좋은 궁합을 보여준다.

❻ 부드럽고 강건한 아로마의 화이트 와인

샤블리, 뻬르낭 베르즐레스, 몽따니, 쌩 로맹과 같은 견고하면서도 미네랄이 풍부한 부르고뉴 화이트 와인이 여기 속하며, 구체적으로 아래와 같다;

> Auxey-Duresses et Auxey-Duresses 1ers Crus • Bouzeron • Chorey-lès-Beaune • Côte de Beaune • Chablis et Chablis 1ers Crus • Côte de Nuits-Villages • Ladoix et Ladoix 1ers Crus • Maranges et Maranges 1ers Crus • Montagny et Montagny 1ers Crus • Monthélie et Monthélie 1ers Crus • Pernand-Vergelesses et Pernand-Vergelesses 1ers Crus • Pouilly-Fuissé • Pouilly-Loché • Pouilly-Vinzelles • Rully et Rully 1ers Crus • Saint-Romain • Saint-Véran • Santenay et Santenay 1ers Crus • Savigny-lès-Beaune et Savigny-lès-Beaune 1ers Crus • Viré-Clessé

특징

아름다운 골드 빛깔을 띠고, 전형적인 샤르도네의 특징을 보여준다. 지역에 따라 조금씩 차이는 있겠으나 일반적으로 잘 익은 노란색 과일, 살구, 배, 장미 향 등이 기분 좋게 다가온다. 뿌이-퓌세, 쌩-베랑, 오세-뒤레스, 뤽리 아뻴라시옹 와인이 가장 전형적인 예이다. 때로는 샤블리, 뤽리, 뻬르낭-베르즐레스 같은 미네랄 터치가 두드러지는 와인을 마주할 수도 있다.

음식과의 궁합

스튜, 크림소스의 고기, 가금류, 송아지 고기, 가공육, 해산물 요리 등 다양한 메인 요리와 두루 잘 어울린다. 낭투아Nantua 크림소스, 뵈르 블랑beurre blanc 소스, 또는 뮈니에르meunière, 브라운버터 소스 등을 곁들인 고급 생선 요리도 잘 어울린다. 참고로 어린 와인은 12~18개월 숙성된 치즈와, 오래된 와인일수록 36개월 이상 숙성된 치즈와 궁합이 좋다.

❼ 흠잡을 데 없이 완전하고, 파워풀하며 진한 색상 및 아로마의 화이트 와인

유명한 와인으로는 몽라셰, 꼬르똥–샤를마뉴, 샤블리 그랑 크뤼 등이 있다. 구체적으로는 다음과 같다;

> Bâtard-Montrachet Grand Cru • Beaune et Beaune 1ers Crus • Bienvenue-Bâtard-Montrachet Grand Cru • Chablis Grands Crus • Chassagne-Montrachet et Chassagne-Montrachet 1ers Crus • Chevalier-Montrachet Grand Cru • Corton Grand Cru • Corton-Charlemagne Grand Cru • Criots-Bâtard-Montrachet Grand Cru • Meursault et Meursault 1ers Crus • Montrachet Grand Cru • Puligny-Montrachet et Puligny-Montrachet 1ers Crus • Saint-Aubin et Saint-Aubin 1ers Crus

특징

부르고뉴에서 가장 특별한 개성을 드러내는 위 와인들은 전형적인 황금 빛깔을 띤다. 그리고 잘 익은 사과와 배, 버터, 브리오슈, 말린 과일, 향신료, 꿀 등의 풍미를 자랑하며, 감히 흉내 낼 수 없는 복합미를 자랑한다. 시간이 흘러 와인이 숙성되면 빛깔은 점점 황갈색으로 진행되고, 녹은 버터, 설탕에 절인 살구, 구운 헤이즐넛, 구운 빵 같은 풍미가 난다. 시음적기의 와인은 가장 뛰어난 드라이 화이트 와인의 정수를 보여준다. 좋은 산도가 이상적으로 뒷받침하고, 부드럽고 미네랄이 잘 느껴지며, 긴 여운이 특별하게 다가온다.

음식과의 궁합

최고 등급의 와인과 어울리기 위해서는 특별한 요리가 필요하다. 예를 들어, 크림소스를 곁들인 송아지나 어린 양 내장요리, 곰보버섯을 곁들인 송아지 요리, 푸아그라, 랍스터나 가재 같은 생선 요리 등이다. 특별한 식사와 함께 좋은 페어링을 보여줄 것이다.

부르고뉴 스파클링 와인

❽ 크레망 드 부르고뉴 Crémant de Bourgogne

Crémant de Bourgogne blanc brut • Crémant de Bourgogne demi-sec • Crémant de Bourgogne rosé • Crémant de Bourgogne millésimé

특징

가볍고 신선한 부르고뉴 크레망 와인은 미세한 거품 덕분에 매력적인 와인으로 보인다. 대체로 흰색 또는 핑크 골드빛을 띠고 있으며, 시간이 지나면서 점점 골드 컬러를 띤다. 생산자는 본인이 원하는 아로마 향을 기준으로 포도 품종의 블렌딩 비율을 다르게 선택하기도 한다. 블랑드 블랑에서는 꽃, 감귤류, 미네랄의 뉘앙스가, 블랑 드 누아와 로제 와인은 베리, 체리, 블랙커런트 또는 라즈베리 등 좀 더 레드 와인에 가까운 풍미가 느껴진다.

한편, 크레망 드 부르고뉴는 사용하는 포도 품종, 떼루아, 오크통 숙성 기간, 단일 빈티지인지 또는 혼합 빈티지인지 여부에 따라 다양한 개성의 차이를 보여주지만, 양조에 있어서 어떠한 경우에도 전통적인 방법의 엄격한 규칙에 따른다.

음식과의 궁합

부르고뉴 크레망은 주로 식전주로 내어놓거나 말린 과일을 곁들인 가금류 테린과 같이 전채 요리와 함께 즐긴다. 크레망 로제는 식사가 끝난 뒤 디저트 와인으로 내어놓기 좋다. 로제의 풍성한 과일 향 덕분에 쿠키나 케이크류, 브라우니와 파이 등과도 잘 어울린다. 빈티지 크레망의 경우에는 민물 생선 요리, 팬에 살짝 튀긴 가리비 요리 등과 완벽한 궁합을 보여준다.

미니토픽 7

한식에 부르고뉴 와인 페어링 *pairing*

한식과 와인의 페어링을 얘기하는 것은 쉽지 않다. 사람마다 입맛도 다르고, 같은 이름의 요리라도 맛의 뉘앙스가 일률적이지 않기에, 한식과의 마리아주에서 틀에 박힌 페어링 공식은 없다. 다만, 우리 음식과 와인이 어울리지 않을 거란 선입견에서 벗어나, 좋아하는 한식에 어울리는 와인을, 특히 부르고뉴 와인을 맞춰가는 재미를 찾아보자.

출발점은 양념과 조리방법이다. 발효 음식의 풍미가 강하며, 짠맛, 감칠맛, 매운맛 등이 복합적으로 어우러진 한식에서는, 주재료 본연의 풍미보다는 조리 양념이 와인과의 페어링에서 더 중요한 요소가 된다. 예로, 같은 삼겹살 구이라도 소스 없이 소금기름에 먹을 때에는 오크통 숙성의 샤르도네가 좋겠지만, 쌈장/마늘/채소와 함께 곁들인다면 약간의 산도와 적당한 탄닌이 있는 레지오날급 피노 누아가 더 어울릴 수 있다. 한식 특히 집밥은 여러 반찬과 요리를 한 상에 차려놓고 먹는다. 한 가지 와인으로 모든 음식에 매칭한다는 생각보다는, 주요리에 맞추어 와인을 선택해야 한다. 요리에 다양한 양념이 섞여 있을 경우에는 그중 가장 두드러진 특성에 초점을 맞추어야 한다.

대체로 담백하게 차려지는 한식에 레드보다는 화이트가 더 어울릴 여지가 많다. 서양식 전채 요리에 해당되는, 채소로 버무려진 나물무침이나 볶음류, 채소 또는 해산물로 만든 부침개/전 등은 담백하고 고소한 맛이어서, 산미가 좋고 깔끔한 부르고뉴 샤르도네와 곁들이기 좋다. 해물, 생선 종류는 물론이고, 닭고기나 돼지고기 또한 양념이 아예 없거나 약하게 조리됐다면, 역시 샤르도네가 무난하다.

소고기는 어떠할까? 적당히 얇게 썰어진 수육, 로스구이, 로스편채, 불고기 등 양념이 강하지 않거나 육향 자체가 세지 않도록 조리된 경우에는 탄닌이 비교적 적은 피노 누아가 좋은 마리아주를 보여준다. 서양식 스테이크는 육향이 도드라지므로 탄닌이 풍부한 보르도 스타일의 레드 와인이 더 어울린다. 이렇듯 기본 재료보다는 어떻게 익혀지고 어떤 소스로 조리되었는지에 초점을 맞추어 보자. 가벼운 반찬부터 양념이 센 요리까지 다양하게 시도해 보자. 한식 반찬과 요리를 먼저 준비하고, 그다음 그에 어울리는 부르고뉴 와인을 찾는 것이 수월하다.

섬세하고 예민할 듯한 고급 샤르도네나 피노 누아에는 어떤 한식이 어울릴지, 거기까지 고심이 깊어진다면, 페어링 음식 없이 그냥 그 부르고뉴의 우아한 풍미에 집중하며 즐길 수도 있다. 아래는 다양한 한식 찬과 그에 어울릴만한 부르고뉴 와인을 매칭시켜 본 하나의 참고사항일 뿐이다.

- **나물:** 참기름, 들기름, 깨소금 양념으로 부드럽고 고소해진 잎채소 나물에는 우아한 샤르도네!
- **전:** 부추, 파, 미나리, 깻잎, 애호박, 감자 등의 채소를 기름으로 지진 채소전 또는 해산물전새우, 굴, 오징어에는 샤르도네 또는 크레망 드 부르고뉴, 해물 튀김 또는 빈대떡에는 산미가 강한 알리고떼, 육전에는 피노 누아가 고소한 맛을 배가!
- **조개, 새우, 대게찜 등 갑각류**에는 크레망 드 부르고뉴.
- **밥:** 채소가 많이 들어간 비빔밥/김밥에는 샤르도네 화이트, 로제 또는 크레망 드 부르고뉴, 쌈장이 가미된 쌈밥에는 미네랄 풍미가 있는 샤블리.
- **구절판/만두:** 약한 산도에 산뜻한 맛의 샤르도네 또는 로제 와인.

▲ 새우부추전과 샤르도네 화이트 ▲ 소고기수육과 피노 누아 레드

- **옥돔구이:** 숙성 향이 강하며 드라이한 빌라주급 이상의 샤르도네.
- **닭/오리구이:** 산뜻한 맛의 샤르도네 또는 로제 와인.
- **잡채/꼬치구이:** 재료 조합에 따라서 샤르도네 화이트, 크레망 드 부르고뉴 또는 적당한 산미와 미디엄 바디의 레지오날급 피노 누아.
- **고기류:** 생갈비, 살치살, 안심, 꽃등심 등 소스 없는 구이에는 빌라주급 이상의 피노 누아!

    오래전부터 와인을 생산하고 소비하는 유럽권에서 와인은 술이라기보다는 음식의 일부이며 실과 바늘 같은 관계이다. "와인이 없는 식사는 오직 아침식사뿐!"이라는 말도 있다. 우리의 경우는 어떠한가? 특별한 날의 외식 자리에서, 또는 서양식 메뉴에만 어울릴 거라고 생각되는 와인을, 우리네 가정에서도 기억해 보자. 평범한 집밥 한 상이라도 샤르도네 또는 피노 누아 한 잔이 곁들여진다면 그 식탁의 품격은 물론, 소소한 일상에 신박한 즐거움이 다가온다. **(이종영)**

▲ 지속 가능한 미래를 지향하는 부르고뉴 와인

본Beaune의 상징인 오스피스 드 본 건물 입구와 외부

제11장

부르고뉴 와인의 성공 요인과 미래

1. 부르고뉴 와인 축제와 행사

부르고뉴에서 열리는 다양한 축제와 행사를 살펴보면, 부르고뉴 지방에서 와인이 차지하는 위상이 얼마나 대단한지 다소 짐작할 수 있다. 그 중심에는 매년 11월 말에 진행하는 '부르고뉴 영광의 3대 축제Trois Glorieuses'가 있다. 셋째 주 토요일 저녁에 시작되는 따스뜨방 기사단Chevaliers du Tastevin 집회, 일요일의 오스피스 드 본Hospices de Beaune 와인 경매 행사, 그다음 날 월요일 점심에 개최되는 라 뽈레 드 뫼르소La Paulée de Meursault 행사가 여기에 속한다.

❶ 따스뜨방 기사단 La Confrérie des Chevaliers du Tastevin

따스뜨방 기사단은 1934년 뉘-쌩-조르주에서 창설되었다. 부르고뉴 지역의 모든 와인 관련 사교 모임의 모태가 되었으며, 오늘날에도 가장 유명하고 활발한 와인 단체로 활동하고 있다. 본부는 시토 수도회가 세운 유서 깊은 샤또 뒤 끌로 드 부조이며, 매년 수 차례 모임이 열린다.

포도밭 한가운데에 12세기 중반 농장 건물로 지어진 이 샤또는, 16세기에 르네상스 양식으로 증축이 이루어졌으며, 2개의 주요 건물로 구성되어 있다. 첫 번째 건물에는 옛 대형 포도 압착기 4대가 잘 보존되어 있으며, 수확기 모임에서는 그중 하나를 실제로 작동시켜 손님들에게 큰 인기를 끈다. 두 번째 건물은 과거 새 와인을 저장하던 창고였으나, 현재는 다양한 공식 행사가 개최되는 공간으로 쓰인다. 1791년까지 시토 수도원의 소유였다가, 그 후 여러 소유주를 거쳐 따스뜨방 기사단이 인수하여 샤또를 잘 보존하고 복원시켰다.

이곳에서 열리는 모임은 전 세계 다양한 분야의 저명인사들을 매혹시킨다. 생동감 넘치는 의식, 유머러스한 연설, '카데 드 부르고뉴Cadets de Bourgogne' 악단의 반주에 맞춘 노래들, 그리고 라블레Rabelais와 몰리에르Moliere풍의 웅변 등이 어우러진다. 수많은 와인잔이 오가는 가운데 항상 수준 높은 공연이 펼쳐진다. 또한, 샤또에서는 쌩-뱅상 축제, 수확 축제, '영광의 3대 축제' 등 부르고뉴 전통 와인 행사가 열린다. 1949년 이후 부르고뉴 와인의 우수성을 기리는 문학상도 매년 수여하고 있다.

▲ 따스뜨방 기사단의 창설 멤버들

따스뜨방 기사단이 정기 집회의 하나로 개최하는, '따스뜨비나지 Le Tastevinage'라는 공식 와인 시음회도 여기서 출발했다. 해마다 봄과 가을, 포도 재배자와 와인 업계 종사자, 소비자, 요식업계 대표 등 다양한 분야에서 선발된 시음 경험이 풍부한 심사위원 200명 이상이 끌로 드 부조 샤또에 초대된다. 심사위원단은 부르고뉴 전역의 생산자와 네고시앙들이 익명으로 제출한 와인을 시음하고, 각 와인이 해당 밀레짐과 아뻴라시옹을 얼마나 충실히 표현했는지를 기준으로 와인의 품질을 평가한다.

▲ 연도별 따스뜨비나지 기념 라벨

다수의 포도 재배업자와 네고시앙 가운데 시음회에 와인 샘플을 제출하기 위해서는 충분한 수량과 균일한 품질의 와인을 생산한다는, 따스뜨비나지가 규정하는 운영 지침에 해당하는 조건을 충족시켜야 한다. 최종 선정된 와인은 따스뜨방 기사단의 문양과 고유 번호가 부착된 특별한 라벨을 부여받는 영예를 얻는다.

❷ 오스피스 드 본 Hospices de Beaune 와인 경매

1859년에 시작된 오스피스 드 본 경매는 부르고뉴 최대의 와인 행사로, 전 세계 와인 거래상들이 당해 빈티지 와인을 배럴 단위로 거래하는 경매에 참여한다. 낙찰된 와인은 생산자에 의해 18~24개월 숙성 후 병입되어 낙찰자에게 전달된다. 이 경매는 당해 빈티지의 품질과 가격 수준을 가늠하는 바로미터 역할을 하며, 수익금은 오스피스 드 본 병원 운영에 사용된다. 2019년부터는 소더비 Sotheby's가 경매를 주관하고 있다.

오스피스 드 본

▲ 오스피스 드 본 건물과 안마당　　　　▲ 오스피스 드 본 경매 오크통

　　오스피스 드 본의 역사는 1443년 부르고뉴 공국의 총리 니콜라 롤랭Nicolas Rolin과 아내 기곤 드 살랭Guigone de Salins이 영국과의 백년전쟁이 끝난 뒤, 부상자와 가난한 사람들을 보살피기 위하여 자선병원을 설립한 데서 출발하였다. 1971년부터 의료 기능은 현대화된 새 병원에서 이루어진다. 첫 포도밭 기증은 1459년에 이루어졌고, 이후 지속적인 기증을 통해 현재 61헥타르의 포도밭을 소유하게 되었다. 주요 포도밭은 꼬뜨 드 본에 집중되어 있으며, 마지-샹베르탱과 끌로 드 라 로슈 같은 꼬뜨 드 뉘의 그랑 크뤼 포도원도 포함된다. 최근에는 마꼬네 빌라주 아뺄라시옹 중 하나인 뿌이-퓌세도 추가되었다.

　　한편, 오스피스 드 본 와인은 일반 AOC 규정을 따르지만, 라벨에는 '오스피스 드 본' 문구와 기부자의 이름, 낙찰자가 원하는 사적인 정보를 표기할 수 있다. 오크통 선물거래=프리뫼르, primeurs 형태로 거래되며, 현재 약 30종의 레드 와인과 10종의 화이트 와인, 일부 스피릿츠가 경매에 출품된다.

　　2024년의 164회차 경매 행사는 14.4백만 유로약 230억 원의 매출을 기록하였으며, 배럴 당 평균 가격은 31,540유로약 5,000만 원 상당에 달했다. 경매는 본 마을의 여러 가지 다른 행사들과 함께 이루어진다. 부르고뉴 와인 전시, 꺄브 시음회 등, 본 마을 곳곳에 활기로 가득 찬 행사와 행렬이 이어진다. 행사는 오뗄-디유Hotel-Dieu 내의 오래된 연회장에서 열리는 대연회를 끝으로 막을 내린다.

❸ 라 뽈레 드 뫼르소 La Paulée de Meursault

오스피스 드 본 와인 경매의 다음 날에는 뫼르소 마을에서 특별한 행사가 열린다. 포도원 소유주와 생산자들이 가장 좋은 와인을 가져와서 초청객들과 점심식사를 함께 한다. 이것은 제2차 세계대전 이전부터, 포도 수확이 끝났음을 알리는 의미로 포도원 주인과 포도 수확에 참여했던 사람들이 테이블에 둘러앉아 식사를 즐겼던 '라 뽈레La Paulée'를 부활시킨 것이다. 라 뽈레라는 이름은 프랑스어로 소테팬을 의미하는 '뽀알라poêle'에서 유래하며, 과거 수확을 마친 후 단일 소테팬 요리로 소박한 식사를 즐겼던 전통을 기려 명명된 것이다.

초대받은 사람들은 함께 식사를 즐기면서 시를 읊거나 부르고뉴 특유의 유머를 주고받는다. 또한 프랑스 전원생활을 소재로 한 뛰어난 작품을 선정해 100병의 뫼르소 와인을 부상으로 수여하는 행사도 열린다. 역대 입상자 중에는 가스통 루프넬, 폴 카쟁, 레이몽 뒤메, 마리 노엘 등 유명인들도 포함되어 있다. 최근에는 작품 주제가 지방색과 직접 관련 있지 않더라도, 뛰어난 명성의 문학 작가들도 수상 대상으로 인정하고 있다.

❹ 라 쌩-뱅상 투르낭트 La Saint-Vincent Tournante

매년 1월 부르고뉴에서는 포도 재배업자들의 축제가 열린다. 이런 행사는 프랑스 포도 재배 지방에서 오랜 전통으로 이어져 왔다. 가장 널리 알려진 것이 1938년부터 이어지는 쌩-뱅상 투르낭트Tournante이고, 따스뜨방 기사단에서 후원한다. 포도 재배농의 수호신인 쌩-뱅상을 기리는 이 축제는 매년 1월 마지막 주말에 열린다. 축제의 이름이 '투르낭트'인 배경은, 부르고뉴 여러 와인 생산지 가운데 해마다 한 마을씩 돌아가면서 행사장소를 맡아 축제를 주관하기 때문이다. 가령, 2024년 축제는 모레-쌩-드니와 샹볼-뮈지니 마을이 공동 주관하였고, 2025년에는 라두아 마을에서 열렸다. 2026년은 1월 24~25일 중에 꼬뜨 드 본의 마랑주 마을이 주관할 예정이다.

▲ 쌩-뱅상 조형물

축제를 주관하는 마을에서는 쌩-뱅상을 기리는 미사를 시작으로, 퍼레이드와 시음회, 그리고 성대한 연회가 이어진다. 포도 재배자들은 와인 수호성인을 기리는 이 기회를 통해 지인과 손님을 초대하여 친목을 다진다. 한편, 일반 대중도 참여할 수 있는 지역 축제로는 쌩-뱅상 투르낭트 뒤 샤블리지앵, 라 쌩-뱅상 뒤 그랑 오세루아, 그리고 마꼬네 지역의 쌩-뱅상 뒤 트리앙글 도르 Triangle d'Or 등이 있다.

❺ 오피스 드 뉘-쌩-조르주 Hospices de Nuits-Saint-Georges 와인 경매

오피스 드 뉘-쌩-조르주는 12헥타르 면적의 포도밭을 가진 도멘을 운영하고 있으며, 대부분의 포도밭은 뉘 쌩 조르주 마을의 프리미에 크뤼 지역에 위치해 있다. 이 도멘에서 생산된 와인은 매년 부활절 전 첫 번째 일요일에 공개 경매를 통해 판매된다. 경매는 옛 수도사들이 와인 숙성을 하였던 꺄브에서 진행된다. 오피스 드 본 와인 경매만큼 유명하지는 않지만, 이곳의 와인도 품질이 뛰어나 지역 와인 업계에서 꾸준히 좋은 평가를 받는다. 판매를 통해 얻은 수익은 양로원 시설의 유지와 개선에 사용된다.

❻ 레 그랑 주르 드 부르고뉴 Les Grands Jours de Bourgogne

1992년 부르고뉴 와인 협회 BIVB가 창설한 '레 그랑 주르 드 부르고뉴'는 2년마다 짝수 해 3월에 열리는 와인 전문가들의 특별한 행사이다. 부르고뉴 와인을 메인 테마로 한다. 샤블리에서 꼬뜨 도르를 거쳐 꼬뜨 샬로네즈에 이르기까지 부르고뉴의 역사적 장소인 꺄브, 포도밭, 샤또 등에서 다수의 시음회, 전시회, 만찬  등이 개최된다. 이 행사는 프랑스뿐만 아니라, 해외 와인 전문가들 가운데 엄격한 기준을 거쳐 선발된 이들이 모여 만남을 갖고, 부르고뉴의 잠재력과 명성을 널리 알리는 방안을 연구한다.

그랑 주르 드 부르고뉴 2024 행사 개요 2024년 3월 18~22일

그랑 주르 드 부르고뉴 17회차의 2024년 행사에는 58개국에서 2,390명이 참가했다. 전시 행사에는 970여 개 기관이 참여하였고, 총 10개의 시음 장소

에서 연인원 입장객은 11,300명으로 집계됐다. 그랑 주르 드 부르고뉴는 상업적 성격이 강하다. 설문 응답자의 약 76%가 새로운 공급자를 찾는 것이 참가 목적이라고 하였으며, 응답자의 87%가 매매 주문을 하였거나 곧 주문할 예정이라고 하였다. 99.3%의 응답자는 2026년 3월의 다음 행사에도 참여하고 싶다고 하였다.

❼ 부르고뉴 와인 박람회 L'Exposition générale des Vins de Bourgogne

본에서 매년 열리는 이 박람회는 오스피스 드 본 와인 경매와 함께, 3,000여 종의 와인을 소개하는 행사로, 젊은 와인부터 오래된 와인까지 한곳에서 시음할 수 있는 기회를 제공한다. 금요일 오후에는 와인 관련 종사자만 참여할 수 있다. 19세기 말부터 시작된 이 행사는 부르고뉴 와인 협회가 새로운 밀레짐을 네고시앙과 중개상에게 시음하도록 하는 공식 행사로 자리 잡았다.

❽ 마꽁 프랑스 와인 박람회 Foire nationale des vins de France à Mâcon

매년 5월 마꼬네 지역에서 열리는 전통 행사로 마꽁 박람회장에서 열린다. 와인 애호가들은 도멘, 꺄브 조합, 네고시앙들이 내놓은 부르고뉴 와인뿐만 아니라 프랑스 전역의 여러 포도밭에서 출시되는 와인을 시음할 수 있다. 한편, 마꼬네 다바예Davayé 와인농업 고등학교에서는 프랑스 와인 콩쿠르가 개최된다. 프랑스 전역에서 온 약 1만 종류의 시음 샘플과 약 1,000명의 시음자들이 참석한 가운데 실시되는 이 행사는 현재 세계적으로 가장 큰 와인 콩쿠르 중 하나로 자리 잡았다. 심사위원들에게 품질을 인정받은 와인은 와인병에 상징적인 메달을 부착할 수 있다.

❾ 샤블리 와인 축제 Fête des vins de Chablis

매년 11월 말, 샤블리 와인 생산자들은 다양한 샤블리 와인을 맛볼 수 있는 행사를 주최한다. 이 행사에서는 쁘띠 샤블리, 샤블리, 샤블리 프리미에 크뤼, 샤블리 그랑 크뤼 등 여러 밀레짐을 시음할 수 있다. 와인 전문가들은 샤블리 와인 콩쿠르를 통해 가장 우수한 아뻴라시옹을 선정하고 메달을 수여한다. 전시회와 공식 오찬은 샤블리 후원 조합 Confrérie des Piliers Chablisiens 이 주관한다.

❿ 오세루아 그랑 뱅 축제 Fête des vins du Grand Auxerrois

이 축제는 오세르 Auxerre 시 동남쪽에 위치한 쌩-브리-르-비뇌 St.-Bris-le-Vineux 마을에 있는 오세르 포도 재배 회관에서 11월 첫째 주말에 열린다. 전문 직업인뿐만 아니라 일반 애호가들에게도 개방된 이 축제는 욘, 또네르, 주와니, 베즐레 등의 포도원에서 생산되는 부르고뉴 와인을 경험할 수 있는 좋은 기회다. 한편, 한층 더 재미있고, 풍성한 축제를 위해 와인 콩쿠르도 개최된다.

2. 부르고뉴 와인 꽁프레리 *Confrérie*

부르고뉴에는 많은 와인 클럽이 존재한다. 와인 클럽은 와인을 소개하고 전 세계 와인 애호가의 열정을 만족시키기 위해 포도 재배자들로 구성되어 있는 전문적인 교류 모임에 해당한다. 클럽의 태동과 성공은 떼루아의 특징이 가득한 부르고뉴의 와인과 음식을 함께 즐기는 전통적인 연회에서 비롯되었다고 할 수 있다. 이들 가운데 몇몇 중요한 클럽을 소개한다.

❶ 부르고뉴 와인 협회 BIVB, Bureau Interprofessionnel des Vins de Bourgogne

부르고뉴 와인 협회는 부르고뉴의 모든 포도 재배자와 네고시앙들이 참여하는 전문 기구로, 우수한 제품과 와인의 질적 향상을 위해 끊임없이 노력하고 있다.

20세기 초부터 생산자들과 네고시앙은 부르고뉴 와인의 상업화와 생산에 관한 다양한 문제를 논의하기 위해 만남의 필요성을 갖게 된다. 이러한 만남은 1960년대에 다음 3개의 와인 단체가 설립됨으로써 공식화된다.

- **1959년:** 보졸레 와인 연합UIVB, Union Interprofessionnel des Vins du Beaujolais
- **1960년:** 부르고뉴와 마꽁 와인 협회CIBM, Comite Interprofessionnel des Vins du Bourgogne et Mâcon
- **1966년:** 부르고뉴 와인 협회CIB, Comite Interprofessionnel des Vins du Bourgogne

이후 1989년 CIBM, CIB 두 협회가 연합하여 부르고뉴 와인 협회BIVB가 발족했다. 이후, 부르고뉴 와인 협회는 생산자, 네고시앙, 상인들의 이익을 옹호하며, 부르고뉴 와인의 품질보증, 기술 자문, 경제적 지원, 교육 및 자료 보급 등의 역할을 전담하며 업계의 기술적 발전을 지원하고 있다.

2000년부터 부르고뉴 와인 협회는 주요 활동의 하나로 품질보증조사Suivi d'aval qualite를 시행해 오고 있다. 이 조사는 독립된 기관이 배급자의 판매 장소에서 수거한 와인을 시음 전문가들이 분석하고 평가하여, 와인 보관 조건과 품질 문제를 연구하는 활동이다.

2025년 부르고뉴 와인 협회는 한국을 비롯한 해외 수출시장에서 'Take a Closer Look' 캠페인을 시작하였다. '자세히 들여다보기' 또는 '꼼꼼히 시음해 보기'라는 뜻을 담고 있으며, 부르고뉴의 숨겨진 보물 같은 와인들을 해외 시장에 적극 홍보하는 것을 목적으로 한다. 전문가 세미나와 시음 행사 등을 개최하며 활발히 대외 활동을 펼치고 있다. 이 캠페인은 약 3년간 이어질 전망이다. 참고로 2024년 한국은 약 142만 병의 부르고뉴 와인을 수입하였으며, 이는 2024년 부르고뉴 와인 총수출량약 9,500만 병, 0.75리터 기준의 약 1.5%에 해당한다.

❷ 필리에 샤블리지엥Les Piliers Chablisiens

'부르고뉴 황금의 문'이라 불리는 샤블리에는 '필리에 샤블리지엥'이라는 와인 협회가 있다. 이 모임은 프랑스인이든 외국인이든 상관없이 그들의 활동과 저술, 세계관을 평가하여, 샤블리 포도밭과 와인의 정신, 전통에 공헌한 사람에게 감사의 뜻을 전하기 위해 만들어졌다. 새로운 회원들의 입회식이 있는 모임은 적어도 매해 세 번 정도 열리는데, 1월 말 쌩-뱅상 축제, 5월 쌩-꼬숑 Saint Cochon, 11월 말 샤블리 와인 시음회 등이다. 매번 모임마다 화려한 불빛 아래에서 맛있고 훌륭한 식사와 더불어 전통 풍물 단체의 노래와 춤 등 화려한 공연이 펼쳐진다.

❸ 트루아 셉 클럽 La Confrérie des Trois Ceps

1965년 11월에 오세르Auxerre 지역 와인을 알리고 전통을 유지하기 위한 목적으로 설립된 단체이다. 오세르의 포도원은 로마 시대까지 그 기원을 거슬러 올라갈 정도로, 프랑스에서 가장 오래된 포도밭 중 하나이다. '트루아 셉'이라는 이름은 오세르 와인을 생산하는 주요 세 마을을 상징하는 것으로 쌩-브리, 쉬트리, 이랑시를 말한다. 꿀랑주와 주와니 등 지역 인근 마을의 와인도 소개한다.

프랑스인이나 외국인 신입 회원 즉위식은 연중 여러 차례 열리며, 오세르 지역 각 마을이나 욘Yonne강 기슭의 언덕 바위를 뚫어 만든 환상적인 꺄브 바이 Les Caves Bailly Lapierre 등에서 열린다. 르 리노Le Linot라는 합창단이 지역 전통을 보여주며 축제의 분위기를 돋운다.

3.
부르고뉴 와인 학교
École des Vins de Bourgogne

1974년에 '부르고뉴 와인 협회'가 창설한 부르고뉴 와인 학교는 프랑스에서 선구적인 교육 기관으로 자리 잡았다. 이 학교는 와인 테마 교육과 와인 여행 기획 등을 통해 풍부한 전문 지식을 축적하고 있으며, 부르고뉴 와인의 중심도시 '본'에 본부를 두고, 디종, 마꽁과 샤블리에도 사무실을 운영하는 등 부르고뉴 지방 전체를 아우르고 있다.

학교는 와인 재배자, 네고시앙, 레스토랑 경영자 등 와인 산업의 전문가들과 밀접한 관계를 맺고 있다. 샤블리에서 마꽁까지의 전통적인 지방 와인부터 전설적인 그랑 크뤼급 와인에 이르기까지, 부르고뉴 와인 재배 지역을 깊이 탐구할 수 있는 기회를 제공한다. 부르고뉴 와인 학교에서는 포도 재배 기술자, 양조학자, 소믈리에, 농업 경제학자, 지질학자, 전문 시음인 등 다양한 전문가들이 강의를 맡으며, 교육은 영어, 중국어, 일본어, 포르투갈어 등 여러 언어로 제공된다.

부르고뉴 와인 학교는 와인에 관심을 갖기 시작한 사람부터 오랜 경험을 가진 와인 애호가까지, 모든 사람들에게 부르고뉴 와인의 다양성을 이해하는 데 필요한 길잡이가 되어준다. 이 학교는 50여 년의 역사를 바탕으로 와인에 대한 깊이 있는 지식을 전달하고 있으며, 다음과 같은 맞춤형 교육 프로그램을 제공한다.

- 부르고뉴 와인에 대한 전반적인 또는 특별 프레젠테이션
- 포도원 및 네고시앙 방문과 시음 기회 제공
- 와인 관련 관광지 소개
- 식사를 통한 음식과 부르고뉴 와인의 마리아주 교육
- 부르고뉴 와인의 아로마와 향 체험 프로그램 Cave aux Arômes des Vins de Bourgogne

▲ PHOTO CREDITS: L'Ecole des Vins de Bourgogne

4.
부르고뉴 와인 및 끌리마 박물관
La Cité des Climats et vins de Bourgogne

와인 끌리마
박물관

부르고뉴 와인은 특별한 떼루아와 뛰어난 품질로 전 세계에 알려져 있다. 부르고뉴 와인의 전형적인 특성은 역사, 포도밭의 떼루아, 그리고 이를 제대로 표현할 수 있는 뛰어난 사람들의 노하우에 뿌리를 두고 있으며, 이 모든 것을 포용하는 개념이 바로 '끌리마'로 설명된다.

2010년, 부르고뉴 와인 재배자들 사이에서 와인 문화 및 관광을 위한 상설 공간의 필요성이 제기되었다. 이들의 주장이 더욱 탄력을 받은 배경에는 2015년, 'Les Climats du Vignoble de Bourgogne 부르고뉴 포도원의 끌리마'가 유네스코 세계문화유산 목록에 등재된 사건이 있었다. 이를 계기로 떼루아 및 끌리마 개념을 바탕으로 하는 부르고뉴 포도 재배 모델의 탁월함에 대한 인식이 더욱 확산되었다.

2023년 봄, 부르고뉴 와인 산업을 대표하는 부르고뉴 와인 협회BIVB 주도로 와인 관광/교육/홍보 네트워크로 집약되는 '부르고뉴 와인 및 끌리마 박물관'

이 샤블리, 본 그리고 마꽁, 이렇게 3개의 도시에서 문을 열게 된다. 박물관에서 진행하는 핵심 체험 프로그램은 세 곳 모두 동일하지만, 서로 다른 독특한 건축 양식뿐만 아니라, 박물관이 위치한 지역의 특색을 보여준다.

　박물관의 설립 목적은 크게 세 가지로 정리할 수 있다. 첫째로, 수 세기에 걸쳐 형성된 부르고뉴의 탁월한 포도 재배 모델을 보전하고 알리며, 둘째, 방문자와 와인 생산자를 연결하는 와인 관광 네트워크를 촉진하며, 마지막으로, 부르고뉴 와인에 관한 지식 기반을 확립하고, 연구와 학문적 교류를 장려하는 것이다. 박물관이 제공하는 프로그램과 그 활용 방법은 다음과 같다;

1. **박물관 투어:** 다양한 멀티미디어 기기를 사용하는 교육 과정을 통해 부르고뉴 풍경, 떼루아, 포도 재배 및 양조 등 부르고뉴 와인의 특성을 발견한다. 투어에는 포도주스 또는 와인 시음이 포함되며, 3차원 지형도를 통해 부르고뉴 지역의 기상 환경을 간접 체험 한다. 아로마 키트는 박물관 내 '부르고뉴 와인 스쿨'에서 개발한 100% 천연 제품으로 구성되어 있다.
2. **와인 시음:** 부르고뉴 와인 시음에 대한 기본 요령을 배우고, 음식과 와인의 페어링을 직접 체험하며 소믈리에의 조언을 받을 수 있다.
3. **이벤트:** 워크숍, 콘퍼런스, 전시회, 가족/어린이 활동 등 여러 이벤트가 제공된다.
4. **교육 강좌:** 박물관 내 '부르고뉴 와인 스쿨'에서 다양한 양조학 프로그램을 운영한다. 입문자에서 상급자에 이르기까지 수준별 커리큘럼이 존재하며, '부르고뉴 와인 관능 분석 전문 인증서 Professional Certificate in Sensory Analysis of Bourgogne Wines' 또한 발급된다.
5. **맞춤형 서비스:** 와이너리 및 관광 명소 방문, 시음, 워크숍 주관, 현지 숙박 등.

세 곳의 와인 및 끌리마 박물관 개요

1. 샤블리: 샤블리 지역은 20개가 넘는 행정마을을 포함하며, '부르고뉴의 골든 게이트'라고 불린다. 박물관은 샤블리 마을 중심부에 위치하며, 부르고뉴 와인을 발전시킨 수도원의 요람인 역사적인 건물=Petit Pontigny, 와이너리을 개조하여 꾸며졌다. 비지니스 미팅, 세미나, 단체 교육 등을 위한 모든 것을 갖추고 있다.

2. 본: 부르고뉴 와인의 수도로 알려져 있는 본 마을에서 부르고뉴 와인의 역사와 전통을 구현하며, 부르고뉴 와인 산지의 특수성을 강조한다. 본 박물관은 탄소중립 및 지속 가능한 녹색 환경을 지향하는 이 마을 노력의 일환으로 샤르트뢰즈 공원Parc de la Chartreuse에 위치한다. 포도원, 와인, 양조문화 탐구 등의 단체 교육을 기획한다.

3. 마꽁: 부르고뉴에서 가장 많은 화이트 와인을 생산하는 지역이다. 박물관은 마꽁 마을 중심의 손 강둑에 위치한다. 다양한 이벤트, 세미나, 단체 교육, 비즈니스 회의 등을 위한 특별한 순간을 만들 수 있는 장소이다.

미니토픽 8

와인 시장의 새로운 트렌드

무알코올 와인이라니! 그냥 포도주스 아닌가?
와인 시장의 새로운 트렌드, Better for you!

'소버 큐리어스Sober curious' 문화를 들어본 적이 있는지. 술에 취하지 않은 sober'과 '호기심curious'이 합쳐져 생긴 용어로, 말 그대로 술에 취하지 않는 것에 대한 호기심을 의미한다. 술을 마시는 것을 최소화하거나, 마시지 않으려는 사람들이 늘어나고, 사회적 분위기도 점점 이를 따라가는 추세이다. 전 세계적으로 젊은 층을 중심으로 이 같은 새로운 음주 트렌드가 확산 중이다. 해외에서 먼저 시작되었고, 최근 한국에서도 소버 라이프를 즐기는 젊은이들이 늘고 있다. 이들은 취하지 않고도 즐거운 시간을 보내는 방법을 찾는다. 팬데믹 이후 모임이나 회식이 줄고, 건강한 라이프를 즐기려는 사람들이 늘면서 나타난 결과이다. 주류업계와 소비자 모두 '저칼로리, 저알코올, 무알코올'에 점점 더 큰 관심을 보이고 있다.

실제로, 소비자의 음주 트렌드는 계속 바뀌는 중이다. 건강에 대한 관심이 증가함에 따라 소비자들의 음주 습관에도 영향을 미치고 있다. 우선, 저알코올 와인이 인기를 얻고 있다. 사람들은 알코올 섭취량만 줄이는 것이 아니라, 점점 더 가벼운 음주를 선호한다. 하루 중 이른 시간에도 가볍게 즐기기 좋을 뿐더러, 다양한 종류와 맛을 갖춘 제품들이 시장에 쏟아짐에 따라 소비자의 눈앞에 다수의 선택지가 놓이게 되었다. 전 세계적으로 스파클링 와인, 로제 와인의 인기가 높아지는 것도 이와 관련 있다. 전체 와인 시장에서 레드 와인의 비중이 조금씩 감소하는 것과는 대조적이다. 참고로, 가벼운 탄산주류, 즉 하드셀처Hard seltzer: 탄산수에 알코올을 섞고, 주로 과일 향 등의 향미를 첨가한 술을 의미한다. 탄수화물 함량이 매우 낮아 저칼로리이고, 대부분 설탕을 첨가하지 않는다의 인기 또한 저알코올에 대한 높은 관심을 보여준다.

그리고 한발 더 나아가 무알코올 와인 시장도 지속적으로 성장하고 있다. 그렇다면 무알코올 와인은 일반 포도주스와 같은 개념일까? 정답은 '아니오'이다. 가장 큰 차이는 발효 과정의 유무이다. 무알코올 와인은 효모를 이용해 발효 과정을 모두 거친 뒤, 알코올을 제거하는 방식을 따른다. 과거와 달리, 본래 알코올 와인이 가진 맛과 풍미를 유지하는 기술이 점차 발전하고 있다. 유럽연합EU의 경우, 심각한 기후 변화, 급변하는 소비자 트렌드 등에 직면하면서 와인 산업이 위기에 빠지자, 이를 돕기 위해 무알코올 와인 생산을 장려하는 움직임을 보이고 있다. 예를 들어, 알코올 도수가 0.5% 이하인 제품을 '무알코올'이라 광고하고, 0.05% 미만인 제품은 '0.0%'라고 홍보하는 내용을 허용하는 방안을 논의 중이다.

앞서 언급한 저알코올, 무알코올 음주 소비문화 뒤에는 건강을 의미하는 'healthy'와 즐거움을 뜻하는 'pleasure'가 합쳐진 '헬시 플레저' 트렌드가 자리하고 있다. 소비자들은 점점 더 편안한 분위기 속에서 칼로리와 알코올 부담 없이 가볍게 음주를 즐기고, 건강한 생활을 유지하는 데 초점을 맞춘다. 그리고 소비자들의 선호와 취향이 바뀜에 따라 와인 업계도 이에 발 빠르게 대처하기 위한 노력을 기울이고 있다. 따라서 앞으로도 저칼로리, 저알코올, 무알코올 등의 키워드를 내세운 마케팅은 계속될 것이다. (이선화)

Index

통계 숫자로 살펴보는 부르고뉴 와인 (출처: BIVB 2024 기준)

부르고뉴 포도 재배면적	
32,301헥타르	프랑스 총재배면적의 4.3%
1헥타르=1만 제곱미터. 축구장 1개 넓이	
와인 농가당 평균 재배면적	8.51헥타르

부르고뉴 와인 생산량	
1.49백만 헥토리터 *	프랑스 총생산량의 3.4%
* 병당 0.75리터 기준, 약 2억 병 상당.	
전 세계 와인 총생산량의 0.5% #	

재배면적 / 원산지	
샤블리와 그랑 오세루아	20%
꼬뜨 드 뉘	6%
꼬뜨 드 본	13%
꼬뜨 샬로네즈	5%
마꼬네의 빌라주 AOCs	6%
레지오날 AOCs	50%

생산량 / 원산지	
샤블리와 그랑 오세루아	20%
꼬뜨 드 뉘	5%
꼬뜨 드 본	11%
꼬뜨 샬로네즈	5%
마꼬네의 빌라주 AOCs	6%
레지오날 AOCs	53%

포도 품종	
샤르도네	57%
피노 누아	34%
알리고떼	6%
가메, 소비뇽 블랑 등	3%

생산량 / 와인 종류	
화이트 와인	61%
레드 및 로제 와인	27%
크레망 드 부르고뉴	12%

원산지 인증(AOC) 개수: 총 84개	
그랑 크뤼	33개
빌라주와 프리미에 크뤼	44개
레지오날 등급	7개

생산량 / 와인 등급	
그랑 크뤼	1%
빌라주와 프리미에 크뤼	46%
레지오날 등급	53%

부르고뉴 와인 판매 시장		
	판매 수량	약 2억 2백만병
	매출 금액*	약 23억 유로 (약 3조 7천억 원)
		* 금액 기준 전 세계의 4% 상당.

판매수량의 해외수출 %		50%
	EU(유럽연합) 수출	19%
	EU 권역외 수출	31%
매출금액의 해외수출		**58%**
부르고뉴 와인 수출시장 (양적기준)	미국	22%
	일본	6.5%
	중국	3.2%
	대한민국	**1.5%**
	홍콩	1.3%

부르고뉴 와인 재배 지역 및 마을, 그리고 한 줄 특징 (북쪽에서 남쪽으로)

지역	마을	특징
1. 샤블리와 그랑 오세루아 (샤블리와 주변지역)	샤블리	100% 샤르도네. 쁘띠 샤블리. 샤블리. 프리미에 크뤼. 그랑 크뤼.
	또네르(Tonnerre), 오세르(Auxerre), 쉬트리(Chitry)	샤블리 주변의 레지오날. 부르고뉴 또네르(화이트). 부르고뉴 에피뇌이(Epineuil, 레드). 부르고뉴 꼬뜨 도세르(Côtes d'Auxerre). 부르고뉴 꿀랑주 라 비뇌즈(Coulanges-la-Vineuse, 레드)
	쌩 브리 St.Bris	쌩 브리 AOC(빌라주). 화이트(소비뇽 블랑)
	이랑시 Irancy	이랑시 AOC(빌라주). 가벼운 레드 (피노 누아)
	베즐레 Vézelay	베즐레 AOC(빌라주). 샤르도네 화이트 100%. 가성비.
2. 꼬뜨 드 뉘	마르사네 Marsannay	가성비 레드(섬세한 장미 향) 및 로제. 소량의 화이트.
	픽생 Fixin	고품질의 프리미에 크뤼 보유.
	주브레 샹베르땡 Gevrey-Chambertin	꼬뜨 드 뉘의 대표적인 유명 포도밭. 최다 9개의 그랑 크뤼.
	모레 쌩 드니 Morey-St.Denis	견고하고 깊이 있는 풀바디. 장기 숙성. 4개의 그랑 크뤼.
	샹볼 뮈지니 Chambolle-Musigny	우아하고 섬세한 스타일. 2개의 그랑 크뤼.
	부조 Vougeot	50헥타르 끌로 드 부조. 스타일, 품질, 가격 다양. 양조자 중요.
	본 로마네 Vosne-Romanée	전 세계에서 가장 비싼, 부르고뉴 최고의 와인. 8개의 그랑 크뤼.
	뉘 쌩 조르주 Nuit-St.Georges	강렬하고 풍미가 좋은 장기 숙성용.
3. 꼬뜨 드 본	라두아 세리니 Ladoix-Serrigny	미네랄 풍부한 화이트 및 과즙 향 뛰어난 레드.
	알록스 꼬르통 Aloxe-Corton	꼬르통(대부분 레드, 과일 향 풍부/강건한 탄닌). 샤를마뉴(화이트)
	뻬르낭 베르즐레스 Pernand-Vergelesses	고품질의 레드와 화이트. 뛰어난 여운.
	사비니 레 본 Savigny-Lès-Beaune	
	쇼레 레 본 Chorey-Lès-Beaune	무난한 부르고뉴 레드. 소량의 화이트.
	본 Beaune	본 마을의 서쪽 언덕 지대. 합리적 가격의 고품질 와인.
	뽀마르 Pommard	깊은 풍미의 풀바디 레드 와인.
	볼네 Volnay	연한 색상, 긴 여운의 레드가 다수. 부드럽고 풍부한 향의 화이트.
	몽뗄리 Monthélie	우수 품질 레드가 대부분(볼네보다 저렴). 소량의 화이트.
	오세 뒤레스 Auxey-Duresses	
	쌩 로맹 St.Roman	빌라주 AOC. 가벼운 레드 및 소량의 화이트. 저렴한 가격.
	뫼르소 Meursault	고품질 부르고뉴 화이트의 중심 산지.
	쌩 또뱅 St.Aubin	가성비 좋은 레드 와인. 소량의 화이트.
	쀨리니 몽라셰 Puligny-Montrachet	부르고뉴 및 세계 최고 드라이 화이트 와인. 풍부한 향, 진한 농도와 황금빛 윤기, 긴 여운과 풍미. 약간의 레드 와인 생산.
	샤사뉴 몽라셰 Chassagne-Montrachet	
	상트네 Santenay	주로 레드. 진하고 인상 깊은 맛. 장미/붉은 과실 향. 온천.
	마랑주 Maranges	거의 레드. 손-에-루아르 행정구역에 위치하나 꼬뜨 드 본 와인.
4. 꼬뜨 샬로네즈	부즈롱 Bouzeron	부즈롱 빌라주 AOC(알리고떼 화이트)
	륄리 Rully	화이트 및 레드. 상쾌하고 산미 강한 화이트. 크레망 드 부르고뉴.
	메르퀴레 Mercurey	메르퀴레 AOC. 가성비 피노 누아. 꼬뜨 샬로네즈 레드의 40%
	지브리 Givry	지브리 AOC (대부분 레드). 과일 향 강한, 탄닌 적은 레드.
	몽따니 Montagny	몽타니 AOC(100% 샤르도네). 뛰어나고 풍부한 맛의 화이트.
5. 마꼬네	비레 끌레세 Viré-Clessé	비레 끌레세 AOC. 품질 좋은 화이트.
	쌩 베랑 Saint-Véran	샤르도네. 프리세Prisse. 다바예Davaye. 샤네Chânes. 쌩 베랑Saint-Vérand
	뿌이 퓌세 Pouilly-Fuissé	샤르도네. 풍부하고 다채로운 과즙 맛. 솔뤼트르 뿌이Solutre-Pouilly. 베르지송Vergisson. 샹트레Chaintre. 2020년. 22개 프리미에 크뤼 공인.
	뿌이 로셰 Pouilly-Loché	우아하며 드라이한 샤르도네. 2024년 프리미에 크뤼 한 곳 공인.
	뿌이 뱅젤르 Pouilly-Vinzelles	힘차고 미네랄 풍부한 샤르도네. 2024년 프리미에 크뤼 세 곳 공인.

지역/마을		부르고뉴 그랑 크뤼 33 AOCs	끌리마(Climats) 또는 리외디(Lieux-dits) 명칭
샤블리		1. 샤블리 그랑 크뤼(Chablis Grand Cru)	블랑쇼(Blanchot), 레 끌로 (Les Clos), 발뮈르(Valmur), 그르누이(Grenouilles), 보데지르(Vaudésir), 프뢰즈(Preuses), 부그로(Bougros)
꼬뜨 드 뉘	주브레 샹베르땡	2. 마지 샹베르땡(Mazis-Chambertin)	레 마지 바(Les Mazis-Bas), 레 마지 오(Les Mazis-Hauts)
		3. 뤼쇼뜨 샹베르땡(Ruchottes-Chambertin)	뤼쇼뜨 뒤 바(du Bas), 뤼쇼뜨 뒤 드쉬(du Dessus)
		4. 샹베르땡-끌로 드 베즈(Clos de Bèze)	끌로 드 베즈
		5. 샤뻴 샹베르땡(Chapelle-Chambertin)	앙 라 샤뻴(En la Chapelle), 레 제모(Les Gémeaux)
		6. 그리오뜨 샹베르땡(Griotte-Chambertin)	앙 그리오뜨(En Griotte)
		7. 샤름 샹베르땡(Charmes-Chambertin)	오 샤름(Aux Charmes), 샤름
		8. 샹베르땡(Chambertin)	샹베르땡
		9. 마주아이에르 샹베르땡(Mazoyères-Chambertin)	마주아이에르
		10. 라뜨리시에르 샹베르땡(Latricières-Chambertin)	라뜨리시에르
	모레 쌩 드니	11. 끌로 드 라 로슈(Clos de La Roche)	끌로 드 라 로슈, 레 샤비오(Chabiots), 레 프레미에르(Fremières), 레 프루아쇼(Froichots), 레 즈나브리에르(Genavrières), 레 모샹(Mochamps), 몽 뤼쟝(Monts Luisants)
		12. 끌로 쌩 드니(Clos Saint-Denis)	깔루에르(Calouère), 끌로 쌩 드니, 레 샤포(Chaffots), 메종 브륄레(Maison Brûlée)
		13. 끌로 데 랑브레(Clos des Lambrays)	끌로 데 랑브레, 레 부쇼(Bouchots), 메 랑띠에(Meix-Rentier)
		14. 끌로 드 따르(Clos de Tart)	끌로 드 따르
	샹볼 뮈지니	15. 본 마르(Bonnes-Mares)	레 본 마르(Les Bonnes Mares)
		16. 뮈지니(Musigny)	라 꽁브 도르보(Combe d'Orveau), 레 뮈지니, 레 쁘띠 뮈지니
	부조	17. 끌로 드 부조(Clos de Vougeot)	끌로 드 부조
	본 로마네	18. 에셰조(Échezeaux)	끌로 쌩 드니, 에셰조 뒤 드쉬(du Dessus), 앙 오르보(En Orveaux), 레 보 몽 바(Beaux Monts Bas), 레 샹 트라베르생(Champs Traversins), 레 크루오 오 비뉴 블랑슈(Les Cruots ou Vignes Blanches), 레 로아쇼스(Loachausses), 레 뿔라이예르(Poulaillères), 레 까르띠에 드 뉘(Quartiers de Nuits), 레 루즈 뒤 바(Rouges du Bas), 레 트뢰(Treux)
		19. 그랑 제셰조(Grands-Échezeaux)	레 그랑 제셰조(Les Grands-Échezeaux)
		20. 로마네 쌩 비방(Romanée-Saint-Vivant)	로마네 쌩 비방
		21. 리쉬부르(Richebourg)	레 리쉬부르, 레 베루아유 오 리쉬부르(Les Vérroilles ou Richebourgs)
		22. 로마네 꽁티(Romanée-Conti)	라 로마네 꽁티
		23. 라 로마네 (La Romanée)	라 로마네
		24. 라 그랑드 뤼(La Grande Rue)	라 그랑드 뤼
		25. 라 따슈(La Tâche)	라 따슈, 레 고디쇼(Les Gaudichots)
꼬뜨 드 본	알록스 꼬르똥	26. 꼬르똥(Corton)	바스 무로뜨(Basses Mourottes), 앙 샤를마뉴(En Charlemagne), 오뜨 무로뜨(Hautes Mourottes), 르 샤를마뉴, 라 비뉴 오 쌩(La Vigne-au-Saint), 르 끌로 뒤 루아(Clos du Roi), 르 꼬르똥, 르 메 랄망(Meix Lallemand), 르 로녜 에 꼬르똥(Rognet et Corton), 레 브레쌍드(Bressandes), 레 쇰(Chaumes), 레 피에트르(Fiètres), 레 그랑드 롤리에르(Grandes Lolières), 레 그레브(Grèves), 레 랑게뜨(Languettes), 레 마레쇼드(Maréchaudes), 레 메(Meix), 레 무또뜨(Moutottes), 레 뽈랑(Paulands), 레 뻬리에르(Perrières), 레 뿌제(Pougets), 레 르나르드(Renardes), 레 베르젠느(Vergennes)
		27. 꼬르똥 샤를마뉴(Corton-Charlemagne)	바스 무로뜨, 앙 샤를마뉴, 오뜨 무로뜨, 르 샤를마뉴, 르 꼬르똥, 레 랑게뜨, 레 뿌제, 레 르나르드
		28. 샤를마뉴(Charlemagne)	샤를마뉴
	뻴리니-몽라셰	29. 슈발리에 몽라셰(Chevalier-Montrachet)	슈발리에 몽라셰
		30. 비엥브뉴 바따르 몽라셰(Bienvenues-Bâtard)	비엥브뉴 바따르 몽라셰
		31. 몽라셰(Montrachet)	몽라셰(뻴리니-몽라셰), 르 몽라셰(샤사뉴-몽라셰)
		32. 바따르 몽라셰(Bâtard Montrachet)	바따르 몽라셰
	샤사뉴-몽라셰	33. 크리오 바따르 몽라셰(Criots-Bâtard-Montrachet)	레 크리오(Les Criots)

The 668 names of Premier Cru Climats / Appellation Village
(부르고뉴 마을별 프리미에 크뤼 끌리마 명칭, 총 668개)

샤블리 40		blanc
	Chablis premier cru Beauroy	
	Chablis premier cru Berdiot	
	Chablis premier cru Beugnons	
	Chablis premier cru Butteaux	
	Chablis premier cru Chapelot	
	Chablis premier cru Chatains	
	Chablis premier cru Chaume de Talvat	
	Chablis premier cru Cote de Brechain	
	Chablis premier cru Cote de Cuisy	
	Chablis premier cru Cote de Fontenay	
	Chablis premier cru Cote de Jouan	
	Chablis premier cru Cote de Lechet	
	Chablis premier cru Cote de Savant	
	Chablis premier cru Cote de Vaubarousse	
	Chablis premier cru Cote des Pres-Girots	
	Chablis premier cru Forets	
	Chablis premier cru Fourchaume	
	Chablis premier cru L'Homme Mort	
	Chablis premier cru Les Beauregards	
	Chablis premier cru Les Epinottes	
	Chablis premier cru Les Fourneaux	
	Chablis premier cru Les Lys	
	Chablis premier cru Melinots	
	Chablis premier cru Mont de Milieu	
	Chablis premier cru Montee de Tonnerre	
	Chablis premier cru Montmains	
	Chablis premier cru Morein	
	Chablis premier cru Pied d'Aloup	
	Chablis premier cru Roncieres	
	Chablis premier cru Secher	
	Chablis premier cru Troesmes	
	Chablis premier cru Vaillons	
	Chablis premier cru Vau de Vey	
	Chablis premier cru Vau Ligneau	
	Chablis premier cru Vaucoupin	
	Chablis premier cru Vaugiraut	
	Chablis premier cru Vaulorent	
	Chablis premier cru Vaupulent	
	Chablis premier cru Vaux Ragons	
	Chablis premier cru Vosgros	

꼬뜨 드 뉘 135

픽생 6		blanc / rouge
	Fixin premier cru Arvelets	
	Fixin premier cru Clos de la Perriere	
	Fixin premier cru Clos du Chapitre	
	Fixin premier cru Clos Napoleon	
	Fixin premier cru Hervelets	
	Fixin premier cru Les Meix Bas	

주브레 샹베르땡 26		rouge
	Gevrey-Chambertin premier cru Au Closeau	
	Gevrey-Chambertin premier cru Aux Combottes	
	Gevrey-Chambertin premier cru Bel Air	
	Gevrey-Chambertin premier cru Champeaux	
	Gevrey-Chambertin premier cru Champonnet	
	Gevrey-Chambertin premier cru Cherbaudes	
	Gevrey-Chambertin premier cru Clos des Varoilles	
	Gevrey-Chambertin premier cru Clos du Chapitre	
	Gevrey-Chambertin premier cru Clos Prieur	
	Gevrey-Chambertin premier cru Clos Saint-Jacques	
	Gevrey-Chambertin premier cru Combe au Moine	
	Gevrey-Chambertin premier cru Craipillot	
	Gevrey-Chambertin premier cru En Ergot	
	Gevrey-Chambertin premier cru Estournelles-Saint-Jacques	
	Gevrey-Chambertin premier cru Fonteny	
	Gevrey-Chambertin premier cru Issarts	
	Gevrey-Chambertin premier cru La Bossiere	
	Gevrey-Chambertin premier cru La Perriere	
	Gevrey-Chambertin premier cru La Romanee	
	Gevrey-Chambertin premier cru Lavaut Saint-Jacques	
	Gevrey-Chambertin premier cru Les Cazetiers	
	Gevrey-Chambertin premier cru Les Corbeaux	
	Gevrey-Chambertin premier cru Les Goulots	
	Gevrey-Chambertin premier cru Petite Chapelle	
	Gevrey-Chambertin premier cru Petits Cazetiers	
	Gevrey-Chambertin premier cru Poissenot	

모레 쌩 드니 20		blanc / rouge
	Morey-Saint-Denis premier cru Aux Charmes	
	Morey-Saint-Denis premier cru Aux Cheseaux	
	Morey-Saint-Denis premier cru Clos Baulet	
	Morey-Saint-Denis premier cru Clos des Ormes	
	Morey-Saint-Denis premier cru Clos Sorbe	
	Morey-Saint-Denis premier cru Cote Rotie	
	Morey-Saint-Denis premier cru La Bussiere	
	Morey-Saint-Denis premier cru La Riotte	
	Morey-Saint-Denis premier cru Le Village	
	Morey-Saint-Denis premier cru Les Blanchards	
	Morey-Saint-Denis premier cru Les Chaffots	
	Morey-Saint-Denis premier cru Les Charrieres	
	Morey-Saint-Denis premier cru Les Chenevery	
	Morey-Saint-Denis premier cru Les Faconnieres	
	Morey-Saint-Denis premier cru Les Genavrieres	
	Morey-Saint-Denis premier cru Les Gruenchers	
	Morey-Saint-Denis premier cru Les Millandes	
	Morey-Saint-Denis premier cru Les Ruchots	
	Morey-Saint-Denis premier cru Les Sorbes	
	Morey-Saint-Denis premier cru Monts Luisants	

샹볼 뮈지니 24		rouge
	Chambolle-Musigny premier cru Aux Beaux Bruns	
	Chambolle-Musigny premier cru Aux Combottes	
	Chambolle-Musigny premier cru Aux Echanges	
	Chambolle-Musigny premier cru Derriere la Grange	
	Chambolle-Musigny premier cru La Combe d'Orveau	
	Chambolle-Musigny premier cru Les Amoureuses	
	Chambolle-Musigny premier cru Les Baudes	
	Chambolle-Musigny premier cru Les Borniques	
	Chambolle-Musigny premier cru Les Carrieres	
	Chambolle-Musigny premier cru Les Chabiots	
	Chambolle-Musigny premier cru Les Charmes	
	Chambolle-Musigny premier cru Les Chatelots	
	Chambolle-Musigny premier cru Les Combottes	
	Chambolle-Musigny premier cru Les Cras	
	Chambolle-Musigny premier cru Les Feusselottes	
	Chambolle-Musigny premier cru Les Fuees	
	Chambolle-Musigny premier cru Les Groseilles	
	Chambolle-Musigny premier cru Les Gruenchers	

샹볼 위지니 24	Chambolle-Musigny premier cru Les Hauts Doix Chambolle-Musigny premier cru Les Lavrottes Chambolle-Musigny premier cru Les Noirots Chambolle-Musigny premier cru Les Plantes Chambolle-Musigny premier cru Les Sentiers Chambolle-Musigny premier cru Les Veroilles	rouge
부조 4	Vougeot premier cru Clos de la Perriere Vougeot premier cru Le Clos Blanc Vougeot premier cru Les Cras Vougeot premier cru Les Petits Vougeots	blanc / rouge
본 로마네 14	Vosne-Romanée premier cru Au-dessus des Malconsorts Vosne-Romanée premier cru Aux Brulees Vosne-Romanée premier cru Aux Malconsorts Vosne-Romanée premier cru Aux Raignots Vosne-Romanée premier cru Clos des Reas Vosne-Romanée premier cru Cros Parantoux Vosne-Romanée premier cru En Orveaux Vosne-Romanée premier cru La Croix Rameau Vosne-Romanée premier cru Les Beaux Monts Vosne-Romanée premier cru Les Chaumes Vosne-Romanée premier cru Les Gaudichots Vosne-Romanée premier cru Les Petis Monts Vosne-Romanée premier cru Les Rouges Vosne-Romanée premier cru Les Suchots	rouge
뉘 쌩 조르주 41	Nuits-Saint-Georges premier cru Aux Argillas Nuits-Saint-Georges premier cru Aux Boudots Nuits-Saint-Georges premier cru Aux Bousselots Nuits-Saint-Georges premier cru Aux Chaignots Nuits-Saint-Georges premier cru Aux Champs Perdrix Nuits-Saint-Georges premier cru Aux Cras Nuits-Saint-Georges premier cru Aux Murgers Nuits-Saint-Georges premier cru Aux Perdrix Nuits-Saint-Georges premier cru Aux Thorey Nuits-Saint-Georges premier cru Aux Vignerondes Nuits-Saint-Georges premier cru Chaines Carteaux Nuits-Saint-Georges premier cru Chateau Gris Nuits-Saint-Georges premier cru Clos Arlot Nuits-Saint-Georges premier cru Clos de la Marechale Nuits-Saint-Georges premier cru Clos des Argillieres Nuits-Saint-Georges premier cru Clos des Corvees Pagets Nuits-Saint-Georges premier cru Clos des Corvees Nuits-Saint-Georges premier cru Clos des Forets St.-Georges Nuits-Saint-Georges premier cru Clos des Grandes Vignes Nuits-Saint-Georges premier cru Clos des Porrets-St.-Georges Nuits-Saint-Georges premier cru Clos Saint-Marc Nuits-Saint-Georges premier cru En la Perriere Noblot Nuits-Saint-Georges premier cru La Richemone Nuits-Saint-Georges premier cru Les Argillieres Nuits-Saint-Georges premier cru Les Cailles Nuits-Saint-Georges premier cru Les Chaboeufs Nuits-Saint-Georges premier cru Les Crots Nuits-Saint-Georges premier cru Les Damodes Nuits-Saint-Georges premier cru Les Didiers Nuits-Saint-Georges premier cru Les Hauts Pruliers Nuits-Saint-Georges premier cru Les Perrieres Nuits-Saint-Georges premier cru Les Porrets-Saint-Georges	blanc / rouge

뉘 쌩 조르주 41	Nuits-Saint-Georges premier cru Les Poulettes Nuits-Saint-Georges premier cru Les Proces Nuits-Saint-Georges premier cru Les Pruliers Nuits-Saint-Georges premier cru Les Saints-Georges Nuits-Saint-Georges premier cru Les Terres Blanches Nuits-Saint-Georges premier cru Les Vallerots Nuits-Saint-Georges premier cru Les Vaucrains Nuits-Saint-Georges premier cru Ronciere Nuits-Saint-Georges premier cru Rue de Chaux	blanc / rouge

꼬뜨 드 본 325

라두아 11	Ladoix premier cru Basses Mourottes	blanc/rouge
	Ladoix premier cru Bois Roussot	rouge
	Ladoix premier cru En Naget	blanc
	Ladoix premier cru Hautes Mourottes	
	Ladoix premier cru La Corvee	blanc / rouge
	Ladoix premier cru La Micaude	
	Ladoix premier cru Le Clou d'Orge	
	Ladoix premier cru Le Rognet et Corton	blanc
	Ladoix premier cru Les Buis	rouge
	Ladoix premier cru Les Grechons et Foutrieres	blanc
	Ladoix premier cru Les Joyeuses	rouge

페르낭 베 르즐레스 8	Pernand-Vergelesses premier cru Clos Berthet	blanc
	Pernand-Vergelesses premier cru Creux de la Net	
	Pernand-Vergelesses premier cru En Caradeux	blanc / rouge
	Pernand-Vergelesses premier cru Ile des Vergelesses	
	Pernand-Vergelesses premier cru Les Fichots rouge	
	Pernand-Vergelesses premier cru Sous Fretille	blanc
	Pernand-Vergelesses premier cru Vergelesses	blanc/rouge
	Pernand-Vergelesses premier cru Village de Pernand	blanc

알록스 꼬르통 14	Aloxe-Corton premier cru Clos des Marechaudes Aloxe-Corton premier cru Clos du Chapitre Aloxe-Corton premier cru La Coutiere Aloxe-Corton premier cru La Marechaude Aloxe-Corton premier cru La Toppe au Vert Aloxe-Corton premier cru Les Chaillots Aloxe-Corton premier cru Les Fournieres Aloxe-Corton premier cru Les Guerets Aloxe-Corton premier cru Les Marechaudes Aloxe-Corton premier cru Les Moutottes Aloxe-Corton premier cru Les Paulands Aloxe-Corton premier cru Les Petites Folieres Aloxe-Corton premier cru Les Valozieres Aloxe-Corton premier cru Les Vercots	blanc / rouge

사비니 레 본 22	Savigny-Lès-Beaune premier cru Aux Clous Savigny-Lès-Beaune premier cru Aux Fourneaux Savigny-Lès-Beaune premier cru Aux Gravains Savigny-Lès-Beaune premier cru Aux Guettes Savigny-Lès-Beaune premier cru Aux Serpentieres Savigny-Lès-Beaune premier cru Basses Vergelesses Savigny-Lès-Beaune premier cru Bataillere Savigny-Lès-Beaune premier cru Champ Chevrey Savigny-Lès-Beaune premier cru La Dominode Savigny-Lès-Beaune premier cru Les Charnieres Savigny-Lès-Beaune premier cru Les Hauts Jarrons	blanc / rouge

지역	와인	색
사비니 레 본 22	Savigny-Lès-Beaune premier cru Les Hauts Marconnets Savigny-Lès-Beaune premier cru Les Jarrons Savigny-Lès-Beaune premier cru Les Lavieres Savigny-Lès-Beaune premier cru Les Marconnets Savigny-Lès-Beaune premier cru Les Narbantons Savigny-Lès-Beaune premier cru Les Peuillets Savigny-Lès-Beaune premier cru Les Rouvrettes Savigny-Lès-Beaune premier cru Les Talmettes Savigny-Lès-Beaune premier cru Les Vergelesses Savigny-Lès-Beaune premier cru Petits Godeaux Savigny-Lès-Beaune premier cru Redrescul	blanc / rouge
본 42	Beaune premier cru A l'Ecu Beaune premier cru Aux Coucherias Beaune premier cru Aux Cras Beaune premier cru Belissand Beaune premier cru Blanches Fleurs Beaune premier cru Champs Pimont Beaune premier cru Clos de l'Ecu Beaune premier cru Clos de la Feguine Beaune premier cru Clos de la Mousse Beaune premier cru Clos des Avaux Beaune premier cru Clos des Ursules Beaune premier cru Clos du Roi Beaune premier cru Clos Saint-Landry Beaune premier cru En Genet Beaune premier cru En l'Orme Beaune premier cru La Mignotte Beaune premier cru Le Bas des Teurons Beaune premier cru Le Clos des Mouches Beaune premier cru Les Aigrots Beaune premier cru Les Avaux Beaune premier cru Les Boucherottes Beaune premier cru Les Bressandes Beaune premier cru Les Cents Vignes Beaune premier cru Les Chouacheux Beaune premier cru Les Epenotes Beaune premier cru Les Feves Beaune premier cru Les Greves Beaune premier cru Les Marconnets Beaune premier cru Les Montrevenots Beaune premier cru Les Perrieres Beaune premier cru Les Reverses Beaune premier cru Les Sceaux Beaune premier cru Les Seurey Beaune premier cru Les Sizies Beaune premier cru Les Teurons Beaune premier cru Les Toussaints Beaune premier cru Les Tuvilains Beaune premier cru Les Vignes Franches Beaune premier cru Montee Rouge Beaune premier cru Pertuisots Beaune premier cru Sur les Greves - Clos Saint-Anne Beaune premier cru Sur les Greves	blanc / rouge
뽀마르 28	Pommard premier cru Clos Blanc Pommard premier cru Clos de la Commaraine Pommard premier cru Clos de Verger Pommard premier cru Clos des Epeneaux	rouge

지역	와인	색
뽀마르 28	Pommard premier cru Derriere Saint-Jean Pommard premier cru En Largilliere Pommard premier cru La Chaniere Pommard premier cru La Platiere Pommard premier cru La Refene Pommard premier cru Le Clos Micot Pommard premier cru Le Village Pommard premier cru Les Arvelets Pommard premier cru Les Bertins Pommard premier cru Les Boucherottes Pommard premier cru Les Chanlins-Bas Pommard premier cru Les Chaponnieres Pommard premier cru Les Charmots Pommard premier cru Les Combes Dessus Pommard premier cru Les Croix Noires Pommard premier cru Les Fremiers Pommard premier cru Les Grands Epenots Pommard premier cru Les Jarolieres Pommard premier cru Les Petits Epenots Pommard premier cru Les Pezerolles Pommard premier cru Les Poutures Pommard premier cru Les Rugiens Bas Pommard premier cru Les Rugiens Hauts Pommard premier cru Les Saussilles	rouge
볼네 29	Volnay premier cru Carelle sous la Chapelle Volnay premier cru Champans Volnay premier cru Clos de l'Audignac Volnay premier cru Clos de la Barre Volnay premier cru Clos de la Bousse-d'Or Volnay premier cru Clos de la Cave des Ducs Volnay premier cru Clos de la Chapelle Volnay premier cru Clos de la Rougeotte Volnay premier cru Clos des 60 Ouvrees Volnay premier cru Clos des Chenes Volnay premier cru Clos des Ducs Volnay premier cru Clos du Chateau des Ducs Volnay premier cru Clos du Verseuil Volnay premier cru En Chevret Volnay premier cru Fremiets Volnay premier cru Fremiets - Clos de la Rougeotte Volnay premier cru La Gigotte Volnay premier cru Lassolle Volnay premier cru Le Ronceret Volnay premier cru Le Village Volnay premier cru Les Angles Volnay premier cru Les Brouillards Volnay premier cru Les Caillerets Volnay premier cru Les Lurets Volnay premier cru Les Mitans Volnay premier cru Pitures Dessus Volnay premier cru Robardelle Volnay premier cru Santenots Volnay premier cru Taille Pieds	rouge
몽뗄리 15	Monthélie premier cru Clos des Toisieres Monthélie premier cru La Taupine Monthélie premier cru Le Cas Rougeot Monthélie premier cru Le Chateau Gaillard	blanc / rouge

지역	이름	색
몽뗄리 15	Monthélie premier cru Le Clos Gauthey Monthélie premier cru Le Clou des Chenes Monthélie premier cru Le Meix Bataille Monthélie premier cru Le Village Monthélie premier cru Les Barbieres Monthélie premier cru Les Champs Fulliots Monthélie premier cru Les Clous Monthélie premier cru Les Duresses Monthélie premier cru Les Riottes Monthélie premier cru Les Vignes Rondes Monthélie premier cru Sur la Velle	blanc / rouge
오세 뒤레스 9	Auxey-Duresses premier cru Bas des Duresses Auxey-Duresses premier cru Climat du Val Auxey-Duresses premier cru Clos du Val Auxey-Duresses premier cru La Chapelle Auxey-Duresses premier cru Les Breterins Auxey-Duresses premier cru Les Duresses Auxey-Duresses premier cru Les Ecussaux Auxey-Duresses premier cru Les Grands Champs Auxey-Duresses premier cru Reugne	blanc / rouge
뫼르소 19	Meursault premier cru Charmes Meursault premier cru Clos des Perrieres Meursault premier cru Genevrieres	blanc / rouge
	Meursault premier cru La Jeunellotte Meursault premier cru La Piece sous le Bois	blanc
	Meursault premier cru Le Porusot Meursault premier cru Les Boucheres Meursault premier cru Les Caillerets Meursault premier cru Les Cras Meursault premier cru Les Gouttes d'Or Meursault premier cru Les Plures	blanc / rouge
	Meursault premier cru Les Ravelles Meursault premier cru Les Santenots Blanc Meursault premier cru Les Santenots du Milieu	blanc
	Meursault premier cru Perrieres Meursault premier cru Porusot	blanc / rouge
	Meursault premier cru Sous Blagny Meursault premier cru Sous le Blagny Meursault premier cru Sous le Dos d'Ane	blanc
블라니 7	Blagny premier cru Hameau de Blagny Blagny premier cru La Garenne ou sur la Garenne Blagny premier cru La Jeunellotte Blagny premier cru La Piece sous le Bois Blagny premier cru Sous Blagny Blagny premier cru Sous le Dos d'Ane Blagny premier cru Sous le Puits	rouge
퓔리니 몽라셰 17	Puligny-Montrachet premier cru Champ Canet Puligny-Montrachet premier cru Champ Gain Puligny-Montrachet premier cru Clavaillon Puligny-Montrachet premier cru Clos de la Garenne Puligny-Montrachet premier cru Clos de la Mouchere	blanc / rouge
	Puligny-Montrachet premier cru Hameau de Blagny Puligny-Montrachet premier cru La Garenne	blanc
	Puligny-Montrachet premier cru La Truffiere Puligny-Montrachet premier cru Le Cailleret	blanc / rouge
퓔리니 몽라셰 17	Puligny-Montrachet premier cru Les Chalumaux Puligny-Montrachet premier cru Les Combettes Puligny-Montrachet premier cru Les Demoiselles Puligny-Montrachet premier cru Les Folatieres Puligny-Montrachet premier cru Les Perrieres Puligny-Montrachet premier cru Les Pucelles Puligny-Montrachet premier cru Les Referts	blanc / rouge
	Puligny-Montrachet premier cru Sous le Puits	blanc
샤사뉴 몽라셰 55	Chassagne-Montrachet premier cru Abbaye de Morgeot Chassagne-Montrachet premier cru Blanchot dessus Chassagne-Montrachet premier cru Bois de Chassagne Chassagne-Montrachet premier cru Cailleret Chassagne-Montrachet premier cru Champs Jendreau Chassagne-Montrachet premier cru Clos Chareau Chassagne-Montrachet premier cru Chassagne du Clos St.-Jean Chassagne-Montrachet premier cru Chassagne Chassagne-Montrachet premier cru Clos Pitois Chassagne-Montrachet premier cru Clos Saint-Jean Chassagne-Montrachet premier cru Dent de Chien Chassagne-Montrachet premier cru En Cailleret Chassagne-Montrachet premier cru En Remilly Chassagne-Montrachet premier cru En Virondot Chassagne-Montrachet premier cru Ez Crets Chassagne-Montrachet premier cru Ez Crottes Chassagne-Montrachet premier cru Francemont Chassagne-Montrachet premier cru Guerchere Chassagne-Montrachet premier cru La Boudriotte Chassagne-Montrachet premier cru La Cardeuse Chassagne-Montrachet premier cru La Chapelle Chassagne-Montrachet premier cru La Grande Borne Chassagne-Montrachet premier cru La Grande Montagne Chassagne-Montrachet premier cru La Maltroie Chassagne-Montrachet premier cru La Romanee Chassagne-Montrachet premier cru La Roquemaure Chassagne-Montrachet premier cru Les Baudines Chassagne-Montrachet premier cru Les Boirettes Chassagne-Montrachet premier cru Les Bondues Chassagne-Montrachet premier cru Les Brussonnes Chassagne-Montrachet premier cru Les Champs gain Chassagne-Montrachet premier cru Les Chaumees Chassagne-Montrachet premier cru Les Chaumes Chassagne-Montrachet premier cru Les Chenevottes Chassagne-Montrachet premier cru Les Combards Chassagne-Montrachet premier cru Les Commes Chassagne-Montrachet premier cru Les Embazees Chassagne-Montrachet premier cru Les Fairendes Chassagne-Montrachet premier cru Les Grands Clos Chassagne-Montrachet premier cru Les Grandes Ruchottes Chassagne-Montrachet premier cru Les Macherelles Chassagne-Montrachet premier cru Les Murees Chassagne-Montrachet premier cru Les Pasquelles Chassagne-Montrachet premier cru Les Petites Fairendes Chassagne-Montrachet premier cru Les Petits Clos Chassagne-Montrachet premier cru Les Places Chassagne-Montrachet premier cru Les Rebichets Chassagne-Montrachet premier cru Les Vergers Chassagne-Montrachet premier cru Morgeot Chassagne-Montrachet premier cru Petingeret	blanc / rouge

지역	와인	타입
샤사뉴 몽라셰 55	Chassagne-Montrachet premier cru Tete du Clos	blanc / rouge
	Chassagne-Montrachet premier cru Tonton Marcel	
	Chassagne-Montrachet premier cru Vide Bourse	
	Chassagne-Montrachet premier cru Vigne Blanche	
	Chassagne-Montrachet premier cru Vigne Derriere	
쌩토뱅 30	Saint-Aubin premier cru Bas de Vermarain a l'Est	blanc / rouge
	Saint-Aubin premier cru Derriere Chez Edouard	
	Saint-Aubin premier cru Derriere la Tour	
	Saint-Aubin premier cru Echaille	
	Saint-Aubin premier cru En Creot	
	Saint-Aubin premier cru En la Ranche	
	Saint-Aubin premier cru En Montceau	
	Saint-Aubin premier cru En Remilly	
	Saint-Aubin premier cru En Vollon a l'Est	
	Saint-Aubin premier cru Es Champs	
	Saint-Aubin premier cru La Chateniere	
	Saint-Aubin premier cru Le Bas de Gamay a l'Est	
	Saint-Aubin premier cru Le Charmois	
	Saint-Aubin premier cru Le Puits	
	Saint-Aubin premier cru Les Castets	
	Saint-Aubin premier cru Les Champlots	
	Saint-Aubin premier cru Les Combes au Sud	
	Saint-Aubin premier cru Les Combes	
	Saint-Aubin premier cru Les Cortons	
	Saint-Aubin premier cru Les Frionnes	
	Saint-Aubin premier cru Les Murgers des dents de chien	
	Saint-Aubin premier cru Les Perrieres	
	Saint-Aubin premier cru Les Travers de Marinot	
	Saint-Aubin premier cru Marinot	
	Saint-Aubin premier cru Pitangeret	
	Saint-Aubin premier cru Sous Roche Dumay	
	Saint-Aubin premier cru Sur Gamay	
	Saint-Aubin premier cru Sur le sentier du Clou	
	Saint-Aubin premier cru Vignes Moingeon	
	Saint-Aubin premier cru Village	
상트네 12	Santenay premier cru Beauregard	blanc / rouge
	Santenay premier cru Beaurepaire	
	Santenay premier cru Clos de Tavannes	
	Santenay premier cru Clos des Mouches	
	Santenay premier cru Clos Faubard	
	Santenay premier cru Clos Rousseau	
	Santenay premier cru Grand Clos Rousseau	
	Santenay premier cru La Comme	
	Santenay premier cru La Maladiere	
	Santenay premier cru Les Gravieres	
	Santenay premier cru Les Gravieres-Clos de Tavannes	
	Santenay premier cru Passetemps	
마랑주 7	Maranges premier cru Clos de la Boutiere	blanc / rouge
	Maranges premier cru Clos de la Fussiere	
	Maranges premier cru La Fussiere	
	Maranges premier cru Le Clos des Loyeres	
	Maranges premier cru Le Clos des Rois	
	Maranges premier cru Le Croix Moines	
	Maranges premier cru Les Clos Roussots	

꼬뜨 샬로네즈 142

지역	와인	타입
륄리 23	Rully premier cru Agneux	blanc / rouge
	Rully premier cru Champs Cloux	
	Rully premier cru Chapitre	
	Rully premier cru Clos du Chaigne	
	Rully premier cru Clos St Jacques	
	Rully premier cru Cloux	
	Rully premier cru Gresigny	
	Rully premier cru La Bressande	
	Rully premier cru La Fosse	
	Rully premier cru La Pucelle	
	Rully premier cru La Renarde	
	Rully premier cru Le Meix Cadot	
	Rully premier cru Le Meix Caillet	
	Rully premier cru Les Pierres	
	Rully premier cru Margotes	
	Rully premier cru Marissou	
	Rully premier cru Molesme	
	Rully premier cru Montpalais	
	Rully premier cru Pillot	
	Rully premier cru Preaux	
	Rully premier cru Rabource	
	Rully premier cru Raclot	
	Rully premier cru Vauvry	
메르퀴레 32	Mercurey premier cru Clos de Paradis	blanc / rouge
	Mercurey premier cru Clos des Barraults	
	Mercurey premier cru Clos des grands Voyens	
	Mercurey premier cru Clos des Myglands	
	Mercurey premier cru Clos Marcilly	
	Mercurey premier cru Clos Tonnerre	
	Mercurey premier cru Clos Voyens	
	Mercurey premier cru Grand Clos Fortoul	
	Mercurey premier cru Grifferes	
	Mercurey premier cru La Bondue	
	Mercurey premier cru La Cailloute	
	Mercurey premier cru La Chassiere	
	Mercurey premier cru La Levriere	
	Mercurey premier cru La Mission	
	Mercurey premier cru Le Clos du Roy	
	Mercurey premier cru Le Clos l'Eveque	
	Mercurey premier cru Les Byots	
	Mercurey premier cru Les Champs Martin	
	Mercurey premier cru Les Combins	
	Mercurey premier cru Les Crets	
	Mercurey premier cru Les Croichots	
	Mercurey premier cru Les Fourneaux	
	Mercurey premier cru Les Montaigus	
	Mercurey premier cru Les Naugues	
	Mercurey premier cru Les Puillets	
	Mercurey premier cru Les Ruelles	
	Mercurey premier cru Les Saumonts	
	Mercurey premier cru Les Vasees	
	Mercurey premier cru Les Velley	
	Mercurey premier cru Sazenay	
	Mercurey premier cru Clos des Montaigus	
	Mercurey premier cru Clos du Chateau de Montaigu	

지브리 38	Givry premier cru	blanc / rouge
	Givry premier cru A Vigne Rouge	
	Givry premier cru Clos du Cellier aux Moines	
	Givry premier cru Clos Charlé	
	Givry premier cru Clos de la Baraude	
	Givry premier cru Clos du Cras long	
	Givry premier cru Clos du Vernoy	
	Givry premier cru Clos Jus	
	Givry premier cru Clos Marceaux	
	Givry premier cru Clos Marole	
	Givry premier cru Clos Salomon	
	Givry premier cru Clos-Saint-Paul	
	Givry premier cru Clos-Saint-Pierre	
	Givry premier cru Crausot	
	Givry premier cru Cremillons	
	Givry premier cru En Choue	
	Givry premier cru La Grande Berge	
	Givry premier cru La Plante	
	Givry premier cru Le Paradis	
	Givry premier cru Le Petit Pretan	
	Givry premier cru Le Vigron	
	Givry premier cru Les Bois Chevaux	
	Givry premier cru Les Bois Gautiers	
	Givry premier cru Les Grandes Vignes	
	Givry premier cru Les Grands Pretans	
	Givry premier cru Petit Marole	
	Givry premier cru Servoisine	
	Givry premier cru Champ Nalot	
	Givry premier cru En Veau	
	Givry premier cru La Brulee	
	Givry premier cru La Matrosse	
	Givry premier cru La Petite Berge	
	Givry premier cru Le Champ Lalot	
	Givry premier cru Le Medenchot	
	Givry premier cru Le Pied de Chaume	
	Givry premier cru Le Pied du Clou	
	Givry premier cru Le Vernoy	
	Givry premier cru Les Combes	
	Givry premier cru Les Galaffres	

몽따니 49		blanc
	Montagny premier cru Champ Toizeau	
	Montagny premier cru Chazelle	
	Montagny premier cru Cornevent	
	Montagny premier cru Creux de Beaux Champs	
	Montagny premier cru La Condemine du Vieux Chateau	
	Montagny premier cru La Grande Piece	
	Montagny premier cru La Moulliere	
	Montagny premier cru Le Clos Chaudron	
	Montagny premier cru Le Cloux	
	Montagny premier cru Le Clouzot	
	Montagny premier cru Le Vieux Château	
	Montagny premier cru Les Bassets	
	Montagny premier cru Les Beaux Champs	
	Montagny premier cru Les Bonneveaux	
	Montagny premier cru Les Bordes	
	Montagny premier cru Les Bouchots	
	Montagny premier cru Les Burnins	
	Montagny premier cru Les Chaniots	
	Montagny premier cru Les Chaumelottes	
	Montagny premier cru Les Coeres	

몽따니 49		blanc
	Montagny premier cru Les Combes	
	Montagny premier cru Les Coudrettes	
	Montagny premier cru Les Craboulettes	
	Montagny premier cru Les Garcheres	
	Montagny premier cru Les Gouresses	
	Montagny premier cru Les Jardins	
	Montagny premier cru Les Las	
	Montagny premier cru Les Macles	
	Montagny premier cru Les Maroques	
	Montagny premier cru Les Paquiers	
	Montagny premier cru Les Perrieres	
	Montagny premier cru Les Pidances	
	Montagny premier cru Les Platieres	
	Montagny premier cru Les Resses	
	Montagny premier cru Les Treufferes	
	Montagny premier cru Les Vignes Derriere	
	Montagny premier cru Les Vignes des Pres	
	Montagny premier cru Les Vignes longues	
	Montagny premier cru L'Epaule	
	Montagny premier cru Mont Laurent	
	Montagny premier cru Montcuchot	
	Montagny premier cru Montorge	
	Montagny premier cru Saint-Ytages	
	Montagny premier cru Sainte-Morille	
	Montagny premier cru Sous les Feilles	
	Montagny premier cru Vigne du soleil	
	Montagny premier cru Vignes Couland	
	Montagny premier cru Vignes Saint-Pierre	
	Montagny premier cru Vignes sur le Cloux	

마꼬네 26

뿌이 퓌세 22		blanc
	Pouilly-Fuissé premier cru Aux Quarts	
	Pouilly-Fuissé premier cru Le Clos Reyssier	
	Pouilly-Fuissé premier cru Le Clos de Monsieur Noly	
	Pouilly-Fuissé premier cru Les Chevrieres	
	Pouilly-Fuissé premier cru Les Brules	
	Pouilly-Fuissé premier cru Le Clos	
	Pouilly-Fuissé premier cru Les Menetrieres	
	Pouilly-Fuissé premier cru Les Perrières	
	Pouilly-Fuissé premier cru Les Reisses	
	Pouilly-Fuissé premier cru Les Vignes Blanches	
	Pouilly-Fuissé premier cru Vers Cras	
	Pouilly-Fuissé premier cru Au Vignerais	
	Pouilly-Fuissé premier cru Aux Bouthieres	
	Pouilly-Fuissé premier cru Aux Chailloux	
	Pouilly-Fuissé premier cru En Servy	
	Pouilly-Fuissé premier cru La Frerie	
	Pouilly-Fuissé premier cru Le Clos de Solutre	
	Pouilly-Fuissé premier cru Pouilly	
	Pouilly-Fuissé premier cru En France	
	Pouilly-Fuissé premier cru La Marechaude	
	Pouilly-Fuissé premier cru Les Crays	
	Pouilly-Fuissé premier cru Sur la Roche	

뿌이 로세	Pouilly-Loché premier cru Les Mures	blanc
뿌이 뱅젤르 3	Pouilly-Vinzelles premier cru Les Longeays	blanc
	Pouilly-Vinzelles premier cru Les Pétaux	
	Pouilly-Vinzelles premier cru Les Quarts	

참고 문헌

Appellations Guide to Bourgogne Wines, Bourgogne Wine Board^{BIVB}, Sep. 2024.
The World Atlas of Wine, Hugh Johnson & Jancis Robinson, 8th edition.
Les Vins de Bourgogne, Sylvain Pitiot & Jean-Charles Servant, 2004.
Wall Maps, Vignobles de Bourgogne / Côte De Beaune & Côte de Nuits, BIVB, 2024.
www.bourgogne-wines.com
www.chablis-wines.com
www.burgundy-tourism.com
www.citeclimatsvins-bourgogne.com
www.ecoledesvins-bourgogne.com

> **Map credits:** 끌리마 이름이 포함된 마을^{빌라주} 단위 지도는 "Appellations Guide to Bourgogne Wines"에서 차용했습니다. BIVB 및 그 지도들의 원저자 Pierre Poupon, Sylvain Pitiot and Jean—Charles Servant, 모든 분들께 감사를 전합니다.

부르고뉴 와인을
읽다, 보다, 걷다
QR 영상으로 떠나는 포도밭 여행

초판 1쇄 발행 2025. 11. 10.

지은이 이종영, 최종호, 이창규, 이선화
펴낸이 김병호
펴낸곳 주식회사 바른북스

편집진행 김재영
디자인 김민지
마케팅 송송이 박수진 박하연

등록 2019년 4월 3일 제2019-000040호
주소 서울시 성동구 연무장5길 9-16, 301호 (성수동2가, 블루스톤타워)
대표전화 070-7857-9719 | **경영지원** 02-3409-9719 | **팩스** 070-7610-9820

•바른북스는 여러분의 다양한 아이디어와 원고 투고를 설레는 마음으로 기다리고 있습니다.

이메일 barunbooks21@naver.com | **원고투고** barunbooks21@naver.com
홈페이지 www.barunbooks.com | **공식 블로그** blog.naver.com/barunbooks7
공식 포스트 post.naver.com/barunbooks7 | **페이스북** facebook.com/barunbooks7

ⓒ 이종영, 최종호, 이창규, 이선화, 2025
ISBN 979-11-7263-642-5 03590

•파본이나 잘못된 책은 구입하신 곳에서 교환해드립니다.
•이 책은 저작권법에 따라 보호를 받는 저작물이므로 무단전재 및 복제를 금지하며,
 이 책 내용의 전부 및 일부를 이용하려면 반드시 저작권자와 도서출판 바른북스의 서면동의를 받아야 합니다.